괜찮은 척 애쓰는 마음

괜찮은 척 애쓰는 마음

주리애 지음

무리하지 않고 홀가분한 마음을 만드는
심리학 첫걸음

프롤로그

괜찮은 척하느라 힘든 '어른이'들에게

요즘 청년들은 고요히 분투하고 있습니다. 겉보기에는 뭔가를 향해서 바삐 움직이고 무탈해 보이지만, 속으로는 매일 버티는 중입니다. 이른 나이에 많은 결정을 해야 하고, 결정에는 곧장 책임을 져야 하며, 자신을 돌아보거나 자기 삶을 확인할 여유도 없이 다음 단계로 내몰립니다. 부족한 게 아닌가 스스로를 의심하면서 열심히 사는 태도가 당연한 시대에 살고 있습니다. '충분히 괜찮은 나'보다 '충분히 괜찮아 보이는 나'를 향해 달려가는 삶이죠.

게다가 기성세대와 기존 시스템은 청년들이 노력한다고 해서 그들을 있는 그대로 바라보지 않습니다. "고생했어", "잘하고 있어"라고 말하지만, 바쁜 일상의 소음 속에서 그런 위로는 잘 들리지 않습니다. 그저 혼자 묵묵히 감당해야 한다는 생각뿐입니다. 피로가 기본 값처럼 느껴지고, 원인 모를 답답함이나 여유 없는 분노가 고개를 듭니다.

나만 흔들리는 게 아니다

이 책은 흔들리지만 괜찮은 척하는 당신에게 보내는 심리학자의 작은 위로입니다. 당신은 어쩌면 지금, 어른과 비(非)어른 사이의 경계에 서 있는지도 모르겠습니다. 스스로를 '다 자란 사람'이라고 말하기엔 경험이 많지 않고, '아직 연습하는 과정에 있다'라고 말하기엔 많은 일을 감당하며 살지도 모릅니다.

어른이 되면 사람들은 당신에게 실수해도 괜찮다고 더 이상 말하지 않습니다. 책임지기를 바라고, 어느 정도는 안정되게 뭔가를 이루었기를 바라죠. 하지만 정작 우리 안에서는 아직 갈피를 잡지 못한 질문들이 떠다닙니다.

'과연 내가 원한 인생일까?'
'나는 지금 어디쯤 와 있는 걸까?'

'잘 모르겠다'라는 마음이 크지만, 선택의 시간은 길게 주어지지 않습니다. 그러다 보니 매번 선택의 기로에서 망설입니다. 고민과 결정, 결과와 책임에 이르기까지 모든 과정을 혼자 겪기보다는 누군가 옆에 있기를 바랍니다. 부모든 친구든 커뮤니티 사람들이든 말입니다.

나이를 먹을수록 혼자서 해야만 하는 상황은 점점 더 잦아집니다. 진로와 직업 변경을 결심할 때에도 그렇고, 본가에서 독립할 때에도 그렇고, 직장에서 자기 주장을 할 때도 그렇습니다. 산책길에서 누군가와 생긴 시비를 풀고 정리할 때 등 '어른답게' 헤쳐 나가야 할 상황은 너무 많아집니다. 말로만 듣던 번아웃, 토스트아웃이 찾아오기도 합니다.

이러한 마음을 가진 사람들을 '어른이'라고 부를까 합니다. 어린이는 분명 아니지만 '세상에 혼자 서기를 전략적으로 유예하는 어른'을 의미합니다. 겉으론 괜찮은 척하지만, 마음속 깊은 곳엔 두려움과 막연함, 초조함이 공존합니다. 어른이들은

'혼자서 안 해서 그렇지 하면 잘할 것'이라고 막연히 생각하지만, '한번 해 보겠다'라는 결심은 쉽게 하지 않습니다.

삶은 고요하게 흔들립니다. 옆도 뒤도 안 보고 뛰어왔는데, 이 방향이 맞는지, 처음부터 다시 시작해도 될지 흔들릴 때가 옵니다. 여전히 쉬지 않고 앞으로 나아가는 바쁜 청춘의 모습은 달콤해 보이지만 떫은 맛을 지니고 있습니다. 시간은 짧고 현실의 모든 자질구레한 '해야 하는 일'에 부딪힙니다. 이때만 지나면 되는지, 아니면 인생이란 원래 이토록 불안한데, 보정된 멀끔한 모습이 진짜라 믿고 살아왔는지도 헷갈립니다.

N번째 사춘기를 겪고 있는 당신에게

그럼에도 우리는 매일 자신을 살아내느라 애씁니다. 어떤 사람은 취준생으로, 어떤 사람은 신입사원으로, 어떤 사람은 입사 몇 년 차로, 아니면 자영업자일 수도 있습니다. 결혼을 앞두고 있거나 아이를 기다리고 있을 수도 있습니다. 또는 비혼을 선언했을 수도 있죠. 모두가 비슷하지만 다른 삶을 사는 이 시점에서 점점 질문이 많아집니다.

'이게 맞는 길일까?'
'왜 나는 이렇게 힘들까?'
'나만 이렇게 힘든 건가?'
'어른답게 산다는 건 도대체 뭘까?'
'괜찮은 척하다 보면 정말 괜찮아질까?'

저는 심리학자로서 그 질문들에 정해진 답을 전하기보다는 당신이 내면을 더 깊이 들여다보고, 스스로를 더 잘 이해하도록 도와드리고 싶습니다. 그래서 이 책이 당신의 마음을 비추는 책이자, 지나온 여정과 앞으로의 인생을 정리하도록 돕는 조용한 거울이 되길 바라는 마음입니다.

지금 겪고 있는 이 흔들림은 더 솔직한 나로 살아가기 위한 'N번째 사춘기'일지도 모릅니다. 그래서 이 시기에 진정으로 필요한 과정은 완벽한 인생 계획표나 성취 리스트가 아니라 정서적, 경제적, 관계적으로 독립할 자기 자신에게 정직해지는 용기일 겁니다.

이 책은 당신에게 '질문에 대한 정답'을 말하지 않습니다. 정답이란 처음부터 존재하지 않을 수 있고, 아니면 여럿 존재할 수도 있으니까요. 다만, 심리학이 제시하는 마음에 대한 설명과 삶을 운영하는 기술은 같이 나누고 싶습니다. 그러한 이야기가 좋은 재료가 되어서, 당신만의 인생에 사용되기를 기대합니다.

  자기만의 방법대로 만드는 삶은 한 해 한 해 세월과 함께 무르익는 법입니다. 아직 늦지 않았고, 이미 잘해 왔고 또 잘하고 있습니다. 가장 빛나는 당신은 한편으로 여전히 어설프고, 다른 한편으로는 너무 지쳐 있을 수 있습니다. 모쪼록 이 책에서 지친 마음이 잠시라도 쉬어 가기를 바랍니다.

주리애

차례

프롤로그 괜찮은 척하느라 힘든 '어른이'들에게 004

1장
어른이라는 이유로 감당하는 것들

괜찮은 척하는 순간들

행복하지 않은데 행복한 척하는 사람들	017
무력감이 나를 집어삼키는 것 같을 때	024
진짜 어른은 혼자여도 외롭지 않다	030
"인생에도 2회 차가 있으면 좋겠어"	036
'이런 사람인 척'을 멈추고 싶다면	043
남의 눈치를 보다가 진짜 나를 잃었다	049
감정에 허기가 든 사람의 소비	055
아무도 모르게 점집 문 앞까지 갔다	062
애쓰고 있는 나에게 건네는 솔직한 말	068

2장

감정도 계산도 복잡한 세상에서 살아남기

괜찮지 않은 이유

말 한마디로 어긋날까 두려운 마음	073
금수저부터 은수저, 흙수저까지	079
번아웃도 힘든데 토스트아웃까지?	085
이러지도 못하고, 저러지도 못하고	095
선택의 함정에서 벗어나기	101
우리는 모두 언젠간 늙는다	107
애쓰고 있는 나에게 건네는 솔직한 말	112

3장

왜 이 사람은 편한데 저 사람은 불편할까

괜찮은 인간관계 만들기

서른 이후, 관계가 달라지기 시작했다	117
관계의 틈에서 나를 찾는 법	123
약이 되는 관계와 독이 되는 관계	129
나를 갉아먹는 나르시스트에게 거리 두기	134
부모와의 관계를 다시 배우는 시간	141
결혼 적령기가 진짜 따로 있을까?	148
이별 또한 연애의 한 과정이다	153
알파 메일도, 베타 메일도 없다	157
다툼이 서로를 멀어지게 한다는 착각	162
애쓰고 있는 나에게 건네는 솔직한 말	168

4장
넘어져도 다시 일어서면 그만이다

괜찮아지는 마음가짐

무안함은 자연스러운 마음이다	173
감정의 찌꺼기를 처리하는 법	178
꾸물거리는 행동의 모든 것	185
시간이 주는 스트레스에서 벗어나자	193
언제부터 웃는 게 어색해졌을까?	204
작은 습관이 쌓여 당당함이 된다	211
실패가 아닌 또 다른 기회	216
애쓰고 있는 나에게 건네는 솔직한 말	**222**

5장
애쓰지 않고, 있는 그대로 나답게

괜찮은 내가 되는 연습

감사 일기, 어른을 위한 보물찾기	227
배려는 가장 조용한 아름다움이다	232
친절하지만 무례함에 침묵하지 않는 법	238
선을 긋는 말하기 연습	244
인생의 방향은 내가 정한다	250
거절해도 변함없는 하루	255
나만의 시간표 만들기	260

애쓰고 있는 나에게 건네는 솔직한 말   266

1장

어른이라는 이유로
감당하는 것들

괜찮은 척하는 순간들

행복하지 않은데
행복한 척하는 사람들

행복은 속도가 아니라
매 순간마다 존재한다.

    우리는 행복할 수 있을까? 행복이란 뭘까? 누군가는 이렇게 말한다. 원하는 물건을 소유하고, 집집마다 자동차가 있고, 해외여행도 다들 한 번씩 다녀오는데 행복한 시대가 아니냐고. 맞다. 옛날과는 다르다. 과거와 다르게 민주주의 사회에서 살면서 우리는 여러 권리를 누리게 되었고, 말도 안 되는 억압이나 부당한 신분제로부터 자유로워졌다. 언론의 자유, 이동의 자유가 보장되며, 기본적인 삶의 조건을 제공하는 사회복지도 계속해서 개선되고 있다.

    그런데 우리는 정말 행복한가?

그렇기도 하고 아니기도 하다. 재미나 즐거움은 확실히 더 많아졌다. 하지만 동시에 삶은 더 피로해졌고 사람들 사이에서 불만은 더 많아졌다. 가진 것도, 갖춘 것도 많은데 원하는 대로 사는 느낌이 아니다. '부러우면 지는 것'이라는 말이 괜히 나온 말이 아니다.

극도로 발달한 비교 사회에서는 부러움이 삶의 '기본 값'이다. 공동체는 약화되었는데, 간섭과 지적, 뒷담화는 잡초마냥 우거졌다. 이 모든 게 산업화와 현대화, 도시화와 문명화를 이룩하느라 지불한 삶의 면면이다.

그래서 우리 마음은 점점 팍팍해진다. 행복의 정도는 내려가면 내려갔지 올라가지 않았다. 행복하지 않은데 행복한 척을 해야만 한다.

행복하지 않다면 확인할 것들

우리의 인생을 되새겨 보자. 불행한 건 확실히 아니다. 꽤 재미난 순간들이 있다. 그런데 복잡하고 스트레스도 많다. 견뎌야 될 순간들도 많다. 그래서 더 재미를 찾는지도 모른다. 당신이 행복하지 않다면, 그 이유는 이 사회와 시대가 만든 압박감이 상당하기 때문이다. 심리학자로서 내가 알려 줄 수 있는 건 '행복의 재정의' 그리고 '마음 변화법'이다.

첫째, 지금 힘들다면 시대가 한몫할 수 있다. 너무 자기 자신만 구박하지 않길 바란다.

'나만 왜 이런가?'
'나만 왜 이리 못 났는가?'
'나만 왜 적응하지 못하나?'

이런 자책에서 벗어나야 한다. 남을 탓하라는 말은 아니지만, 이 마음가짐이 삶의 기본 배경색을 바꿀 만큼 중요하다. 전체가 흐린 세상에서 혼자만 온통 핑크빛으로 보는 건 불가능하지 않은가.

둘째, 비교는 어쩌면 자연스러운 감정이다. 부러운 감정을 느낀다고 해서 진 건 아니다. 사람들이 쓰는 표현에 속지 말자. 이기고 지는 일은 승부가 있는 게임에서 잠깐 정하는 자리일 뿐이다. 그 자리조차 바뀔 수 있다. 행복을 위해서라면 바깥으로 향하는 시선을 거두고 나 자신에게 주목해야 한다. 나는 어느 때에 기뻤는지, 무엇을 잘하는지, 무엇에 의미와 가치를 부여하는지 생각하는 과정은 정말 중요하다.

셋째, 비교하지 않는다고 해서 삶의 기대치를 낮출 필요는 전혀 없다. 그런데 자신이 가진 걸 볼 줄 모르는 사람은, 주어진 조건에 감사하지 않기 때문에 새로운 목표를 성취하더라도 여전히 목마르다. '외제차를 갖게 되면 행복하겠지'라고 생각해도, 건강하게 걸을 수 있는 다리가 있음에 감사해 본 경험이 없다면 새로운 자동차 때문에 행복한 감정은 차 키를 손에 쥔 며칠에 불과한 법이다.

'하차감'이라고 하던가. 보통 차를 구매할 때 예전에는 차의 성능과 승차감을 고려했다면, 요즘은 하차감을 고려한다고 한다. 하차감은 차에서 내렸을 때 얼마나 편한지를 표현하는 말이 아니다. 차에서 내렸을 때 다른 사람들이 부러워하는 시선을 은근히 느끼며 만족하는 감정을 일컫는다. 처음 그 단어를 들었을 때에 '아이고, 쓸 데 없다'라고 생각했는데, 비교를 많이 하는 사람들에게는 중요할지도 모른다고 생각했다.

그런데 조금만 더 진지하고 솔직해 보자. 과연 다른 사람들이 비싼 자동차에서 내리는 모습을 한참 동안 부러움 가득한 시선으로 바라보기만 할까? 잠시야 그럴 수 있지만, 시간이 지나면 다른 곳으로 시선을 돌리기 마련이다. 그 부러움은 금새 사라진다.

넷째, 불행하다는 감정을 점점 확고하게 만들고 있는지 확인해 봐야 한다. 신기하게도 단어는 존재를 부른다. 실제로 존재하지 않는 어떤 것에 명칭을 부여하는 순간 마치 존재하는 무언가로 느껴지는 현상이 있다. 이를 개념의 재현, 물화(物化)라고 부른다.

예컨대, '무의식'이라는 단어를 생각해 보자. 이 용어가 등장하기 전까지 사람들은 마음속 깊은 곳에서 벌어지는 일을 언어화하지 못했고, 의식하지도 못했다. 그러나 '무의식'이라는 이름이 생긴 뒤부터는 누구나 그것을 하나의 실재처럼 받아들인다.

이처럼 언어는 존재를 규정하고, 심지어는 존재 자체를 창조하기도 한다. 그렇기에 우리가 스스로를 부르는 말, "나는 왜 이리 바보 같을까"와 같은 말 역시 조심해야 한다. 반복된 언어는 결국 존재를 형성하고, 자기 인식마저 왜곡할 수 있기 때문이다.

단어는 생각을 만들고, 생각은 감정과 행동을 이끈다. 그렇다면 우리는 스스로에게 어떤 이름을 부여해야 할까? 존재를 가두는 험한 이름 대신, 가능성을 여는 말들을 건네야 하지 않을까? 존재를 휘두르는 단어에 끌려가지 않기 위해서라도 말이다.

다섯째, 행복은 속도가 아니라 매 순간 존재한다. 어떠한 결정을 내려야 하는 순간, 우리가 가장 많이 아등바등하지 않나 싶다. 직장이 없으면 직장을 찾으려 허둥지둥, 직장이 있으면 돈을 모으려 아등바등, 돈이 있으면 어디에 투자를 해야 할지 안절부절한다. 그러다 보니 늘 바쁘다.

그렇지만 인생은 속도 경쟁이 아니다. 얼마나 빨리 가는지만 신경 쓰다 보면 죽음도 빠르게 맞이하게 된다. 내가 누구인지를 찾느라 느끼는 흔들림은 행복이라는 나무를 심기 위해 땅을 넓게 파는 과정이다. 천천히 가도 괜찮다.

여섯째, 서른의 당신은 완성형이 아니다. 이미 완성형이라면 앞으로 살아갈 구만리 인생이 너무 가혹하다. 얼마나 재미없을까 생각해 보라. 그보다는 미완의 인생이 낫다. 부족한 점에 초점 맞춰서 가혹하게 굴 필요가 없다. 지금까지 삶은 반죽할 재료 준비였고, 앞으로 삶을 구워 나갈 수 있다. 완성형이 아닌 삶이 진짜 삶이다.

무력감이 나를
집어삼키는 것 같을 때

내가 통제할 수 있는 작은 영역을
회복하는 지점이 필요하다.

21세기 대한민국을 살아가는 많은 어른들은 잠재적인 무력감과 싸우고 있다. 노력한다고 달라지지도 않고, 지금의 월급을 받아서 언제 집을 살 수 있을까 싶어서 알게 모르게 무력감을 느낀다. 단군 이래 이렇게 똑똑한 세대들이 없을 정도로 열심히 살아왔는데 손에 잡히는 건 적다. 이대로 괜찮은지 고민되지만, 뭘 더 할 수 있을지 미래가 보이지 않는다. 앞날을 생각하면 막막하고 무력감이 느껴진다.

우리가 체감하는 무력감은 단순히 게으름이나 열등감 때문이 아니다. 그보다는 외려 현실을 있는 그대로 냉정하게 마주하기 때문에 느끼는 감정이다. 나라의 앞길과 세계의 흐름은 우리가 논할 수 있는 범주가 아니니, 조금만 렌즈를 줄여서 우리 인생에 초점을 맞춰 보자.

나이에 상관없이 무력감이 지속되는 이유

20대에서 30대, 30대에서 40대 즈음에 무력감을 많이 느낀다면 충분히 그럴 수 있다. 나이의 앞자리가 바뀐 후부터 인생의 변화가 많이 찾아오기 때문이다. 그때는 이룬 것과 이루지 못한 것의 간극이 뚜렷해지는 나이다.

20대에는 가능성을 더 들여다봤다면, 30대에는 불공정한 현실을 더 생생하게 체감한다. 40대는 노력보다 '배경'을 중요하게 느끼고, 월급은 그대로인데 집값을 비롯한 물가는 하늘을 날고 있다. 한 푼 두 푼 아끼며 열심히 사는데, 매년 휴가철과 연휴에는 인천공항이 그리 붐빈다 하니 참 세상은 알다가도 모를 일이다.

이런 상황에서 무기력과 무능력은 종종 겹쳐 보이고 혼동되기도 한다. 뭔가를 할 수 없는 상황에 놓였다고 느낄 때, 우리는 그것을 자신의 무능력으로 치부하는 실수를 저지른다. 그리고 그 뒤끝은 무기력해지며 침잠한다.

무력감을 느끼지 않고 사는 인생은 없다. 아무리 잘나고 권력을 지닌 사람이더라도 다가오는 죽음을 피할 수 없고 생로병사에서 자유로울 수 없다. 죽을 때는 다 놓고 간다. 물론 살아 있는 동안에 놓고 갈 무엇도 가져보지 못하면 더욱 허무하고 무력해지는 문제가 있긴 하다.

무력감을 어떻게 받아들여야 할까?

인생은 불공평하지만 공평하다는 점도 인정하자. 사람마다 생김새가 다르듯이 경험하는 인생의 굴곡도 천차만별이다. 어떤 굴곡을 겪은 사람은 다른 굴곡을 겪은 사람이 부럽거나 불쌍해 보일 수 있다.

그렇지만 방금 말했듯이 죽음과 생로병사를 피할 사람은 아무도 없다. 모두가 동일하다. 인생을 다른 방식으로 바라볼 수 있다면, 굴곡의 위에 있든 아래에 있든 그것도 별반 차이가 나지 않음을 인정하게 될 터이다. 그렇기에 삶은 불공평한 면도, 공평한 면도 존재한다.

그런 다음에 우리 인생에서 통제 가능한 무언가에 초점을 맞춰 보자. 무력감은 내가 통제할 수 없는 좌절감에 너무 많이 노출되었다고 느낄 때 생긴다. 아까 말했던 큰 흐름으로 나라의 운명과 세계의 흐름은 내가 통제할 수 있는 영역이 아니다. 경제라든가 부동산, 경쟁, 운과 같은 외부 요인은 어떤 면에서는 내가 바꾸기 힘들다. 그런 면에만 초점을 맞춘다면, 통제 불가능 영역이 너무 크므로 상대적으로 나 자신은 아주 작고 보잘 것 없어진다. 거시적 안목을 가끔씩 가지더라도, 일상에서는 좀 더 미시적인 관점을 유지해 보자.

미시적인 관점을 유지하려면 내가 통제할 수 있는 작은 영역을 다시 회복하는 지점이 필요하다. 내 경우에 '마음이 처진다' 싶을 때는 무조건 대청소를 한다. 깔끔하게 대청소를 하고 나면 기분이 한결 나아진다. 청소만으로 안 된다 싶으면 가구 배치도 바꾼다. 오랫동안 한 자리에 있었던 가구 밑 부분까지 깨끗이 청소하고 색다른 기분을 즐기다 보면 처졌던 마음도 좀 회복되곤 한다.

어떤 거창한 의식으로 마음이 달라지기도 하겠지만, 작고 소소한 행동으로 마음이 회복되기도 한다. 청소 외에도 매일 일정한 시간에 일어난다든지, 정해진 시간에 매일 산책을 한다든지, 음악을 들으며 감정을 다독이고, 일기를 쓰고, 다도나 뜨개질, 운동 등 자기만의 정성을 들이는 행위를 하면 된다.

이런 행동은 짐짓 작고 소소하다고 느낄 수 있으나 이러한 소소한 리듬이 우리를 무력감의 늪에서 건질 것이다. 소소한 행동만으로는 완전히 회복될 것 같지 않다면, 자신이 무력감을 느끼는 이유를 직면해서 들여다보고 목표를 수정하자.

'노력해서 뭐하냐?'라는 말은 불가능한 목표를 세웠거나 과거의 목표에 붙잡혀 있을 때 더 자주 나온다. 대개 경제와 관련한 목표인 경우가 많은데, 30대에는 내 집이 있어야 한다거나 연봉은 최소 얼마를 받아야 한다, 내 분야에서 반드시 성공해야 한다와 같은 목표다. 1년에 책을 50권은 읽겠다는 다짐이나, 좋아하는 음악 장르의 뮤지션과 그 음악을 깊이 느껴보겠다는 다짐을 이루지 못했다고 절망하는 경우는 드물다. 애시당초 그런 목표도 별로 없다.

목표를 새로 조정해 보자. 색다른 목표도 좋다. 매번 경제 관련 목표만 세웠다면, 다른 목표도 세워 보자. 예를 들면 이런 것들이다.

'하루에 조금씩 웃어서 웃는 시간을 다 합쳐 최소 30분 이상 올리기'도 좋다. 아니면 '내가 있는 공간에서 따뜻함을 누리고 기뻐하기'는 어떤가? 30억 원짜리 강남 아파트 입성이라는 목표만 가지고 있다면, 무력감에 깊이 빠지기 십상이다. 자기가 살고 있는 공간이 어디든, 그 공간에서 따뜻함을 누리고 온전히 쉬고 회복할 수 있는 목표를 세울 줄 알면 좋겠다.

마찬가지로 완벽한 커리어, 연봉 1억 원이라는 목표 대신, 내가 진짜 좋아하는 일을 하거나 내 일에 진심을 담아서 일하는 목표를 세우면 어떨까?

무력감 그것은 아마도 '내가 가야 할 산이 이 산이 아닌가 봐'라는 신호일 것이다. 무력감은 누구라도 언제든지 느낄 수 있는 감정이다. 그 감정에 오래 머물러서 무력감을 나의 정체성으로 만들지 말고, 그 감정을 자기 삶의 방향으로 쓰자. 그러니, 무력해도 괜찮다. 힘든 시간을 만날지도 모르겠지만, 그런 시간을 거치고 나면 진짜 나를 다시 설계할 기회가 된다.

진짜 어른은
혼자여도 외롭지 않다

혼자일 때 외롭지 않아야
관계에서도 타인에게 과하게 기대지 않는다.

'혼자'라는 말의 의미를 생각하기에 앞서, 서른 즈음에 혼자 시간을 보냈던 사람들의 이야기를 들어 보자.

서른 살 민재 씨는 중·고등학교 시절부터 인기가 많았고 친구가 많았다. 모임도 주도하고 친구들 사이에서 '연락책'으로 통했다. 민재 씨 주변은 늘 북적북적했는데 서른이 넘고부터 오히려 더 외롭다고 느끼기 시작했다. 친구들이 하나둘씩 직장 때문에 이사를 가거나 결혼해서 먼 곳으로 가면서 자연스럽게 연락이 뜸해졌고, 남은 몇몇 친구들과는 대화에서 공통 소재가 줄어드는 느낌이었다. 무엇이 문제인지, 무슨 잘못을 했나 싶은 생각도 들었다.

  민재 씨는 몇 번의 상담을 하며, 지금까지 관계 속에서 자신이 얼마나 괜찮은 사람인지 확인하려고 했다는 사실을 발견했다. 끊임없이 누군가와 연결되어야 하는 줄만 알았고, 다들 그렇게 사는 줄 알았다. 상담을 받고 난 민재 씨는 그러한 마음을 내려놓고, 혼자 있는 시간에 익숙해지는 연습을 하고 있다.

  지연 씨는 인간관계에 지쳐 있었다. 친구를 만나면 고민을 들어주기 일쑤였다. 처음에는 친구에게 도움이 되기도 하고 고마워하는 친구를 보면서 뿌듯하기도 했다. 하지만 점점 어딘가 기가 빨리는 느낌이 들었다. 피곤함이 늘었고 만남이 재미가 없었다. 결국 지연 씨는 만남을 피하게 되었고, 혼자 있는 시간을 늘렸다.

  지연 씨는 혼자 있는 시간 동안 산책을 하고, 책을 읽고, 자신이 진짜 무엇을 좋아하는지 돌아보았다. 의외로 외로움보다는 안정감이 컸고, 그러면서 조금씩 타인과의 관계에도 힘을 빼기 시작했다. 그러던 어느 날, 우연히 참석한 독서 모임에서 한 사람과 깊은 대화를 나눴고, 오랜만에 대화가 잘 통하는 친구를 만났다. 지연 씨는 말한다.

"혼자 있는 시간이 저를 단단하게 만들었어요. 이제는 누군가와 함께 있어도, 내가 사라지지 않아요."

나는 지연 씨의 이야기를 듣고 나서, 지연 씨에게 '정서적 자립성'이 높다고 말해 주었다. 정서적 자립성은 스스로의 내면을 다루는 능력이다. 정서적 자립성이 높으면 다른 사람에게 과하게 의존하지 않고 자기감정을 알아달라고 칭얼대지 않는다. 자신의 감정을 스스로 돌아보고 인식하며 감정을 책임질 수 있다. 그래서 혼자 있더라도 외로움에 잠식되지 않는다. 오히려 그러한 시간이 자신에게도 타인에게도 필요한 시간임을 안다.

나의 영역을 지키는 일의 중요성

오롯이 혼자 있을 줄 아는 사람은 어른이다. 허겁지겁 사람을 사귀지 않아도 되고, 사람을 만나서 무작정 친해지지 않아도 된다. '친구랑 사이좋게 지내야지'라는 외부의 요구를 가감해서 적용하는 여유가 생긴다. 서로의 공간과 경계를 존중할 수 있으면, 연결될 때에도 마음에서 마음으로 깊게 연결된다.

각자의 영역을 존중할 때 만남과 이어짐은 더 뚜렷해진다. 각자의 영역이 마구 뒤섞여 있다면, 만남도 흐릿하고 이어짐은 흐지부지하다. 이어진 것도 떨어진 것도 아닌 상태다. 결국, 깊이 있는 만남과 진정한 교류를 위해서는 혼자서 보내는 양질의 시간이 필요하다. 이것은 단순히 고립에 익숙함과는 다르다. 혼자 있으면서 외롭지 않고 재충전되며, 즐거움도 누리는 시간이다. 혼자일 때 외롭지 않아야 관계에서도 타인에게 과하게 기대지 않는다.

혼자인 시간은 누구에게나 쉽지 않다. 그래서인지 유독, 혼자 있는 시간을 칭송하는 명언이 많다. 좋은 시간인데 쉽게 할 수 있다면 칭송받지 않는다.

"**외로움은 혼자 있음의 고통이고, 고독은 혼자 있음의 영광이다.**"

-폴 틸리히

"**혼자 있지 못한다면, 당신은 자신을 알 수 없다.**"

-파울로 코엘료

"고독보다 더 좋은 동반자를 보지 못했다."

-헨리 데이비드 소로

   철학자 폴 틸리히는 '외로움'은 '혼자 있음의 고통'이고, '고독'은 '혼자 있음의 영광'이라고 했다. 전자는 감정에 휘둘리는 상태이고 후자는 정서적 자립성을 성취한 상태이다. 소설가 파울로 코엘료와 사상가 헨리 데이비드 소로도 혼자 있음, 고독함을 칭송했다.

   사실 혼자라서 외롭다는 말은 사람들의 선입견일 뿐이다. 혼자라서가 아니라 외로움은 그냥 외로움이다. 더 지독한 외로움은 옆에 누군가 있는데 연결되지 않을 때 느껴진다. 혼자라서 외롭다고 느끼는 사람은 관계에 집착하기 쉽다.

   인간관계에 대한 집착은 목마른 사람이 바닷물을 마시는 모습과 비슷하다. 갈증 때문에 물을 마시지만, 바닷물은 탈수를 유발하고 신장에 부담을 줘서 결국 갈증은 더 심해지고 건강도 위태로워진다. 누구나 외로울 수 있고, 누군가의 온기를 갈망할 수 있다. 하지만 자신이 감정과 생활을 책임질 준비가 되지 않은 채로 누군가를 붙잡으면, 오히려 더 큰 허기를 느끼게 된다.

스스로를 돌보는 힘이 없는 상태로 누군가에게 기대면, 그때 맺은 관계는 위로가 아니라 나를 짓누르는 무게로 바뀐다. 그래서 진짜 어른의 사랑과 우정은, 혼자서도 괜찮은 사람이 함께할 때 비로소 깊어진다.

내 하루를 내가 책임질 때, 내 마음을 내가 다독일 때, 그제야 누군가와의 만남은 서로의 고요한 강물이 되어 흘러간다. 목이 마르다고 아무 물이나 마시지 않듯이, 외롭다고 아무 관계나 받아들일 필요는 없다. 관계 갈증을 풀어줄 관계의 출발은 결국, 나 자신에게서부터 시작된다.

"인생에도 2회 차가 있으면 좋겠어"

사실 인생 2회 차는 우리가 몰랐을 뿐이지
매일매일 일어난다.

돌이켜 보면, 내 고등학교 생활은 좀 불행했다. 집단 생활보다는 개인적 성향이 더 강했던 탓이다. 이른 아침부터 밤늦은 시간까지 학교에 있으면서 나는 '여기서 뭘 하고 있는 걸까?'라는 생각을 자주 했다. 한마디로 겉돌았다. 맞지 않는 옷 같았던 고등학교 생활을 하면서 생각은 점점 확장되어 '나는 누구지?', '어디서 와서 어디로 가는 걸까?', '지금 이게 맞는 걸까?'라는 질문이 꼬리에 꼬리를 물었다.

자퇴하고 싶었다. 부모님께 고등학교 1학년 때 자퇴하겠다고 했더니, 어머니는 손사래를 치며 만류했다. 그때는 1980년

대였다. 자퇴생은 사회생활에 문제가 있는 사람으로 낙인찍히는 시대였다. 약간의 투쟁을 벌였지만, 나 역시도 낙인에 대한 두려움이 있어서 결국 학교는 끝까지 다녔고 졸업했다.

그 당시에 나를 주저앉혔던 무언가는 마음속 '불안'이었다. 우리는 한번쯤 자신이 원하는 방향으로 가고자 하지만, 그 대가로 사회에서 떨어져 나갈까 봐 불안해한다. 불안은 늘 적당한 타협점을 만든다.

그런데 타협하면 아쉬움이 남고, 아쉬움은 미련이 된다. 타협 지점이 중요한 결정에서 이루어졌거나 여전히 젊지만 마냥 어리지는 않은 서른 즈음에 이루어졌다면, 인생 2회 차가 있으면 좋겠다고 느낀다. 다시 하면 잘할 수 있다고, 진짜 내가 원하는 나의 삶을 살 거라고 생각하면서 말이다.

'회귀물'이라는 주제가 만화와 소설, 영화에서 그토록 각광을 받는 이유이기도 하다. 가상현실 속에서 주인공들은 회귀해서 자기 인생을 다시 산다. 인생 2회 차인 주인공은 다른 사람들은 알지 못하는 자신의 과거를 알기에 다시 사는 인생에서는 후회 없을 선택과 행동을 한다. 이러한 회귀물이 인기를 끄는 이유는, 그것을 보는 사람들이 가진 열망이 반영된 탓이다. 오늘날의 기억과 앎을 그대로 가지고 가서 옛날의 젊은 내가 되어 다시 살면 좋겠다는 욕망이다.

선택에 대한 후회는
불안을 불러일으킨다

나를 찾아 온 은수 씨는 삶을 다시 한 번 살면 좋겠다고 생각했다. 그는 서울에 있는 모 대학의 경영학과를 졸업하고 누구나 알 만한 대기업에 입사했다. 처음 몇 년은 정신없이 바빴고, 성실하게 일했다. 승진도 했고 연봉도 높아졌다. 하지만 점점 재미가 없어졌다. 뭔가 다른 일을 시작하자니 엄두가 안 났고, 손에 쥔 것을 놓자니 아까웠다. 친구들은 이직을 하거나 창업을 하며 인생을 새롭게 바꾸는데, 자신은 이러지도 저러지도 못하는 기분이 들었다. 은수 씨는 이렇게 말했다.

"요즘은 그냥 처음부터 다시 살고 싶어요. 제가 대학 전공을 잘못 택했나 봐요. 사실 고등학교 때는 제가 뭘 원하는지 몰랐거든요. 그러다 보니 부모님 말씀을 듣고 경영학과를 갔는데, 딱히 끌리는 게 없어서 그냥 공부했어요. 제가 조금만 더 어렸다면 뭘 좋아하는지 하나하나 찾아봤을 거 같아요. 그러면 진짜 제가 좋아하는 걸 했을 거예요. 인생에도 리셋 버튼이 있으면 얼마나 좋을까요?"

은수 씨처럼 인생을 다시 시작하고 싶은 열망이 강해지는 시점은 언제일까? 대부분 자기 선택에 대한 후회가 쌓일 때 한다. '그때 다른 선택을 했더라면'이라는 생각이 반복되면, 현재 삶이 자신이 원했던 삶이라는 기억이 흐려지고, 지금의 삶 전체가 잘못된 경로처럼 느끼기도 한다. 또는 남들과 비교해 자신이 뒤처졌다고 느낄 때 인생을 처음부터 시작하고 싶어 한다.

예를 들어, SNS에서 다른 사람의 삶을 보며 부럽다고 느낄 때 자신의 모습 말고 좀 더 멋진 모습을 꿈꾸며 인생 리셋을 갈망한다. 삶의 의미나 목적 의식이 희미해질 때도 인생을 다시 처음부터 시작하고 싶단 마음을 품는다. 더 크게 보면, 자신의 정체성이 흔들리는 위기를 겪을 때 '아에 처음부터 다시 태어나고 싶다'라는 감정이 증폭된다.

사실 인생 2회 차는 우리가 몰랐을 뿐이지 매일매일 일어난다. 우리가 잠들고 다시 깨어났을 때 새롭게 시간이 열리면서 매번 우리에게 인생 2회 차가 펼쳐진다. 새로운 한 해가 시작될 때 누구나 새해 결심을 한다. 생각해 보면, 새해라는 것만큼 인위적인 개념이 없다. 그냥 사람들이 정해둔 날짜 규칙일 뿐이다. 그럼에도 우리는 새해라는 의미 부여에 빗대어 다시 시작한다. 자고 일어난 새로운 하루도, 새해도 우리가 의미를 부여한다면, 그날부터 1일, 새로운 인생 2회 차가 될 거다.

'나는 누구인가?'라는 질문은 끝나지 않는다

'되고 싶은 나'와 '현재의 나' 사이에 간극이 있다면, 그것은 단순히 기분 탓이라고 치부할 일이 아니다. 조금 더 큰 틀에서 진지하게 고민해 봐야 한다. 나는 누구이고 무엇을 중요하게 여길까?

'자아 정체성'이란, 이러한 질문에 대한 답이다. 어느 정도 일관된 답변이며, 자신의 성격과 감정, 생각, 기억, 행동과 경험, 가치를 종합한다. 심리학자이자 정신분석가였던 에릭 에릭슨은 자아 정체성을 형성하는 일이 청년기(18~25세)의 발달과제라고 했다. 에릭슨의 이론은 지금도 여전히 발달심리학의 큰 부분을 차지하지만, 이 이론의 나이 구분에 묶일 필요는 없다.

에릭슨은 1902년생이고, 20세기와 21세기 사람들의 평균 수명이 너무 다르다. 20세기 초에 우리나라 사람들의 평균 수명이 약 30세였다는 사실을 아는가? 1980년대에 들어서서 평균 수명이 겨우 60세를 넘겼을 뿐이다. 그러니 환갑에 잔치를 열었다. 2020년에는 한국인의 평균 수명이 남성은 약 80세, 여성은 86세다. 엄청나게 높아졌다.

에릭슨의 심리발달이론을 보면 자신이 누구인가에 대한 답을 청년기에 찾고 완수해야 하는데, 삶이 더 복잡해지고 인류 수명이 길어진 요즘에는 그것으로 끝나지 않는다. 자아 정체성 확립 후에도 여전히 조정과 갱신이 필요하다.

누군가에게는 정체성 갱신이 화끈하게 이루어진다. 그래서 '인생 2막', '인생 3막'이 시작되곤 한다. 중간에 경로를 바꾸는 것쯤이야 당연히 해 볼 수 있다. 수명이 짧던 시절에는 상상하지 못하던 일이다.

그러므로 자신의 자아 정체성이 서른 또는 마흔에 바뀌게 되고 다시 찾아야 하더라도 당황하지 말자. 맘껏 환영할 일이다.

그 누구보다도 21세기 인류답게 사는 삶이다. 삶의 흐름과 함께 계속해서 자아 정체성을 조정하며 갱신권도 사용하는 멋진 인생을 사는 과정일 뿐이다.

'이런 사람인 척'을
멈추고 싶다면

나의 정체성은 한 번 정하고 끝나는 게 아니라,
살아가며 계속해서 다듬어 가는 것이다.

나이가 많이 들었다고 생각했는데, 내 인생의 방향이 진지하게 고민된다면? 내가 누구인지 질문하게 된다면? 그래도 괜찮다. 나이에 묶일 필요도 없다. 매순간이 주어진 최선의 시간일 뿐이다.

자아 정체성을 조정해 나가기 위해서는 경험이 중요하다. 여러 경험을 해야 탐색이 이루어진다. 내가 무엇을 좋아하는지, 나는 어떤 일에 열의와 의미를 느끼는지, 나와 맞거나 맞지 않는 것은 무엇인지를 찾아본다. 다양한 사람을 만나고, 이런저런 활동을 하며, 자신에게 주어지는 역할들을 수행하고 선택해야 할 상황에서 자신의 우선순위를 점검한다. 그러면서 가치관을 점검하고 조정하고 확립해 본다. 고등학교까지는 그저 주어진 환경에서 수동적으로 살았다면, 스무 살을 기점으로 달라지고, 사회로 진출하면서 다시금 달라진다.

그 와중에서 혼란은 필수다. 갈등과 혼란의 시기 없이 자아는 영글어지지 않는다. 진짜 내가 누구인지 드러나려면 혼란이라는 이름의 거름망이 필요하다. 시간도 필요하다. 짧은 시간에 해결되는 혼란은 혼란이라 부를 필요도 없다. 꽤 긴 시간이 소요될 수도 있지만, 그 시간 속에서 선택과 거절, 결정과 헌신을 도출할 수 있다. 그렇게 해서 자신에게 중요한 가치, 자신이 하고 싶은 것, 살아가고 싶은 삶의 모습을 그리는 것이다. 그것을 우리는 '자아 정체성'이라 부른다.

자아 정체성의 네 가지 상태

심리학자 제임스 마르시아는 에릭슨의 발달이론에서 자아 정체성 확립을 세분화했다. 다음에 나오는 표를 참고해 보자. 그는 자아 정체성을 네 가지 상태로 나누었다. 일찌감치 정체

<자아 정체성의 네 가지 상태>

	설명	탐색 경험	정체성 결정
1. 정체성 성취	스스로 고민하고 선택한 정체성이 있음	O	O
2. 정체성 유예	탐색 중이지만 아직 결정하진 않음	O	X
3. 정체성 고착	고민 없이 부모나 사회의 기대를 수용	X	O
4. 정체성 혼미	탐색도 없고 결정도 안 된 상태	X	X

성을 찾았다고 생각했는데, 정체성이 다시 흔들린다면 '정체성 고착'을 거쳤을 수도 있고 '정체성 유예'를 다시 시작했을 수도 있다.

정체성 고착은 그 사람이 자신의 정체성을 너무 일찍, 외부의 기대에 따라 정한 것을 말한다. 부모의 치맛바람이 세고, 주변의 눈을 의식하는 우리 사회에서는 유독 정체성 고착이 눈에 띈다. 장점도 있다. 나름대로 빠르게 자신의 삶을 결정하기 때문에 불확실성이 줄어들고 안정적인 편이다. 주변으로부터 인정받기도 좋다.

하지만 삶에 대한 주인 의식이 흔들릴 가능성이 있고, 언젠가 '내가 진짜 원하는 삶은 뭐지?'라는 의문을 품을 수 있다. 그렇게 흔들리는 순간이 알에서 새가 깨어 나오는 순간이다.

만약 자아 정체성을 탐색하지도 않고 결정도 못한 상태로 '어른이'가 되었다면 탐색부터 시작하자. 또는 충분히 탐색하고 결정했다고 생각했는데, 실제 그 선택이 맞지 않는 옷처럼 느껴져도 마찬가지다.

'정체성 고착'이 부모(또는 사회)의 기대와 내 바람이 다름을 인식하고 인정하는 데에서 출발해야 한다면, '정체성 혼미' 상태는 작은 것에서부터 탐색을 시작해야 한다. 정보를 모으고 알아보는 일만으로는 무엇을 원하는지 구체적으로 잡히지 않는다. 그것이 무엇이든 실제 경험이 중요하다. 그래야 몸으로 느껴지는 바가 있기 때문이다.

너무 늦은 건 아닐까 하는 생각이 들 때

서른이든 마흔이든, 그 이후라 하더라도 우리의 삶은 계속 달라지고 '나'라는 존재는 변화한다. 그러니 '늦었다'라는 말은 애초에 없다. 혹시라도 지금 이 나이에 자아 정체성을 찾아야 한다니 내가 너무 늦진 않았나 자책하는 사람이 있다면, 그렇지 않다고 확실하게 말하고 싶다. 우리 존재는 고정된 실체가 아니다. 삶은 끊임없이 변화하며 완성을 향해 나아가는 여정이다. 완성 지점은 마치 북극성과도 같아서, 방향은 제시하지만 우리가 실제로 도달할 수 있는 곳은 아니다.

새로운 자아 정체성을 찾고 삶의 경로를 바꾼 어른들의 이야기가 곳곳에서 들린다. 회사를 다니다가 시골로 내려와서 청년 농부로 창업한 사람의 이야기라든가, 사법고시 최연소 합격자로 대형 로펌에서 변호사로 일하다가 그만 두고 통역사로 새롭게 인생을 시작한 사람의 이야기가 그렇다. 기존의 안정된 직업을 떠나 자신의 진정한 정체성을 찾아 새로운 진로를 선택한 사람들의 이야기는 수없이 많다.

크게 성공했거나 커다란 족적을 남긴 사람들의 이야기가 부각되어서 그렇지, 우리 주변 사람들 또한 자기 삶의 주도권을 찾아가는 용기 있는 선택을 끊임없이 하고 있다. 그러니 알버트 아인슈타인이나 앙리 루소만큼 큰 성공을 거둔다는 보장이 없더라도 기꺼이 자아 정체성을 찾아 나가자.

《논어》에서 공자는 '삼십이립(三十而立)', 즉 서른 살이 되어 뜻을 세운다고 말했지만, 그렇게 마음을 단단하게 세우는 나이가 반드시 서른이란 법은 없다. 각자의 시간대에서, 각자의 방식으로 '서 있는 법'을 익혀나감이 중요하다. '나는 누구인가?'라는 물음 속에서 내 마음이 향하는 바를 점검하고 그것이 앞으로의 삶의 길을 연다고 생각하면, 이미 자신의 정체성을 확립했던 사람들에게도 충분히 의미가 있다.

나의 정체성은 한 번 정하고 끝나는 게 아니라, 살아가며 계속해서 다듬는 것이다. 지금의 나는 이전과는 다른 질문을 할 수 있고, 다른 선택을 할 수 있다. 중요한 사실은 질문을 멈추지 않는 자세다.

'나는 누구인가?'라는 물음은 결국 '나는 어떻게 살아가고 싶은가?'라는 삶의 방향과 맞닿아 있다. 서른 전후의 시점은 그 질문을 다시 꺼내기에 충분히 의미 있는 시간이다. 지금부터라도 나답게 살아갈 수 있는 방향을 천천히 모색해 보자. 그것이야말로 괜찮지 않은 마음을 조금씩 회복하는 진짜 시작일지도 모른다.

남의 눈치를 보다가
진짜 나를 잃었다

마음에 안 드는 무언가를 없애기보다는, 훨씬 더 중요한 무언가를
새롭게 자리 잡게 하는 편이 더 건강하고 효과적이다.

나를 찾는 여정에서 비교 의식은 방해꾼이다. 각자가 고유한데 왜 다른 사람의 틀에 나를 끼워 맞추는가? 자아 정체성은 나를 찾아가는 과정이지, 타인과 똑같은 내 모습을 만들려는 게 아니다.

희정 씨는 서른이 된 이후부터 불안감이 심해졌다. 앞자리가 3으로 바뀌었는데 아직 학교를 졸업하지 못했고, 취업 준비를 계속 했는데도 취업이 되지 않았다. 주변 친구들에게서 돈을 얼마 만큼 모았고, 결혼 준비를 하고, 원하는 곳으로 여행을

갔다는 연락을 쉴 새 없이 받는다. 희정 씨는 그럴 때마다 스스로에 대한 확신이 사라짐을 느낀다.

'문화적 이정표 압박'이라는 말이 있다. 가족이나 사회가 개인에게 기대하는 '이 나이에는 이 정도를 해야지'와 같은 압박이다. 특히 성취나 성공, 정체성, 행동 등에 대한 사회의 문화적 통념으로부터 비롯된다. 이 압박은 은근하고 강력해서 다른 길을 가고자 하는 개인에게는 상당한 갈등을 일으키기도 한다. 이러한 비교 의식은 승자 없이 패자만 양산한다. 20세기 첫 미국 대통령이었던 시어도어 루스벨트는 "비교야말로 기쁨을 도둑질한다"라고 말했다.

하지만 과연 우리가 비교하지 않고 살 수 있을까? 인생이 복잡해질수록 타인의 선택을 참고할 수밖에 없다. 삶이 전쟁이라면 다른 사람의 생존 방식도 알아봐야 하지 않겠는가. 그러니 우리는 비교로부터 자유로울 수 없다. 기왕지사 비교하려면 차라리 나 자신과 비교하자. 그것을 더 핵심으로 만들자.

마음에 안 드는 무언가를 없애기보다는, 훨씬 더 중요한 무언가를 새롭게 자리 잡게 하는 편이 더 건강하고 효과적이다. 나 자신과의 비교가 그렇다. 어제의 나와 오늘의 나를 비교하고, 지난주의 나와 이번 주의 나를 비교하자. 그렇게 나는 지난번보다 오늘 더 좋아졌다고 결론을 내자. 하루 5분 정도 시간을 낼 수 있다면, 다이어리에 '나만의 멋짐 일기'를 쓰는 것도 좋다. 오늘 하루 내가 해낸 일, 크든 작든 나의 멋진 순간을 기록하자. 그것이 쌓이면 언젠가 자존감이 무너지는 일이 발생했을 때 나를 보호하는 둑이 되어 준다.

빠져나오지 못하는 SNS의 늪

2000년 즈음에 아이러브스쿨*이라는 인터넷 사이트가 생기면서 사람들은 정말 열광했다. 예전 학교 친구와 선후배, 잊어버렸던 첫사랑까지 찾아내고 연결되었다. 모두가 설레던 시절이었다. 비슷한 시기에 탄생한 싸이월드는 어떤가. 2003~2004년부터 폭발적으로 사랑을 받았다. 싸이월드의 미니홈피를 만들지 않은 사람들이 없었다. 3,000만 명의 가입자가 있었고 '도토리'라는 싸이월드 결제 화폐의 수익은 1,000억 원 정도였다고 하니, 가히 그 인기를 짐작할 수 있다. 이후 페이스북이, 그

---

* 1999년 카이스트 박사과정에 있던 사람들이 150만 원으로 아이러브스쿨을 만들었는데, 1년 만에 500만 명이 넘는 가입자가 몰려들었다.

다음에는 인스타가 차례로 사람들의 선택을 받았다.

SNS는 사람들을 연결한다는 점에서 모두를 열광하게 만든다. SNS의 우리말 이름도 '사회관계망서비스'이지 않은가. 관심사를 공유할 수 있으면 그것만큼 강력하고 끈끈한 커뮤니티가 없다. 혼자라는 불안함을 잠재우고 심리적 안정감을 제공한다. 자신이 가진 가치관이나 취향이 소수의 것이라면 더욱 그러하다. 다수를 동원해야 하는 정치적 활동이나 사회운동에도 강한 힘을 발휘한다. 또는 자신이 가진 콘텐츠를 홍보하고 싶은데 다른 통로가 없던 창작자들에게는 표현의 통로가 되기도 한다.

그렇지만 장점만 있지는 않다. 단점 역시 많다.

첫째, 비교하게 만든다. SNS에 올라온 사진과 글은 포장이며 과장이다. 마치 공사장을 둘러싼 가림막 같다. 실제 삶의 면면을 담기보다는 예쁘게 비춰진 하이라이트 모음집이다. 이미 알고 있어도 SNS에 올라온 사람들의 외모와 소유물, 표정, 관계 등을 보면 나보다 훨씬 더 행복하고 더 잘 살고 더 좋아 보여서 한없이 부러워진다. SNS가 사회적 비교를 허용하고 자기비하를 일으키고 자존감을 낮추는 것이다. 이 사실은 심리학자들이 많이 공들여서 밝힌 내용 중 하나인데, 심리학자들의 연구가 아니었어도 곰곰이 자신을 돌아보면 쉽게 납득할 수 있다.

둘째, 중독된다. 인스타를 보다가 자야 할 시간을 훌쩍 넘겨서 놀란 경험이 있는가? 습관적으로 핸드폰의 SNS 앱을 눌러서 계속 본 경험은?

중독이다. 너무 많이 하고, 많이 하는 줄 알아서 줄여야겠다고 생각해도 못 줄인다. 이 현상은 흥미로운데, 덕분에 심리학자들도 'Facebook addiction'이라고 특정 사이트 이름을 논문 제목에 붙여서 연구할 지경이었다(요즘은 'SNS 중독'이라는 단어를 더 많이 쓴다). 결론은 SNS가 도파민 과다 분비로 중독을 유도한다는 내용이었고, 즉각적인 만족과 흥분을 경험할 수 있지만 장기적으로는 수면의 질을 저하하고 건강을 해친다는 결론이었다.

셋째, 피상적이다. 뭔가 많이 주고받고 '좋아요'가 오가며 댓글도 달리지만 피상적이다. SNS를 통한 진정한 관계, 안정적인 관계는 사실 어렵다. 많은 팔로우를 거느린 인플루언서들은 제품 판매에서 영향력을 지녔을 뿐이다. 어떤 댓글이나 반응에는 위로도 받고 감동도 받겠지만, 이 관계와 소통의 피상성을 극복할 수는 없다. 그럼에도 진정한 위로와 지지를 얻었다고 말하는 사람들이 있는데, 그 말도 맞다. 그런데 그 사람은 어이없이 심한 악플이나 무례한 언행도 받았을 것이다. 그럴 때 사람들은 길게 위로한다. 골이 깊지 않은데 산이 높은 경우는 별로 없다.

넷째, 노출된다. 노출되는 모든 것은 연약해진다. 사람이 왜 옷을 입는가. 피부가 약하기 때문이다. 햇빛에도, 바람에도, 온도에도, 스치고 지나가는 모든 것에도 쉽게 상할 수 있어서 그렇다.

마음에도 피부가 있다. 어떤 사람은 포장하며 과장해서 행복한 모습을 보여 주고, 어떤 사람은 자신의 불행과 고통을 SNS에 너무 쉽게 드러낸다. 왜 그렇게 노출할까? 위로를 받고 싶어서 그렇다. 그러나 그런 위로는 잠깐 왔다 사라질 뿐이다.

감정에 허기가 든 사람의 소비

> 과소비는 보이지 않는 공허함을
> 손에 쥘 수 있는 물건으로 채우는 몸부림이다.

우리 생활의 미세한 면이 모두 마음과 연결되어 있다. 돈을 쓰는 일도 예외가 아니다. 이성적이지 않은 소비를 할 때는 단순히 계산을 못 해서라기보다는, 그 이면에 감정이나 욕구가 나도 모르게 작동한 결과일 수 있다. 이를테면 필요 없는데 충동구매를 한다든지, 싸다는 이유로 과도한 양을 구매하는 등 모든 종류의 현명하지 않은 소비에는 심리적인 어떤 상태가 개입되었다. 과소비하는 마음은 어떤 마음인지 한번 살펴보기로 하자.

첫째, 감정을 해소하는 수단으로 소비한다. 스트레스를 심하게 느낀다든가 우울하거나 외로울 때, 불안한 마음을 해소하려고 소비하기도 한다. 자기감정에 대한 위로나 보상으로서 스스로 소비를 합리화한다. 그럴 때 '나는 오늘 너무 힘들었으니까 이 정도는 사도 돼'라며 스스로를 위안한다.

둘째, 약한 자존감 때문에 소비하는 경우다. 불필요한 사치품에 집착하는 마음도 이 경우에 해당된다. 물건이 자신을 증명하지 않는데도, 그것을 소유함으로써 자기 가치를 내보이고 싶어 한다. 이 사람들의 경우엔 해당 물건이 사람의 급을 결정한다고 생각해서, 그것을 가진 자와 가지지 못한 자에 대한 구분이 심하다.

셋째, 자기 통제력이 부족한 사람들도 비이성적으로 소비한다. 이들은 구입할 때 느끼는 쾌락에 휘둘린다. 실제로 사 둔 물건을 얼마나 아끼고 애지중지하는지 모르겠지만, 살 때 느껴지는 흥분과 짜릿함은 이들에게 확실히 즉시 만족을 준다.

넷째, 성장 과정에서의 기억이 영향을 주기도 한다. 어려서 너무 힘들게 살았다며 지금은 과소비를 하고 싶을 수 있다. 아니면 경제적으로 부유했지만 돈이 사랑의 대체물이었던 터라, 크고 난 다음에도 뭔가를 사면서 그 느낌을 받고 싶어 할 수 있다.

결국 사람들은 마음에 허기가 지면 그것을 채우기 위해 뭔가를 한다. 어떤 사람은 음식으로 채우고 또 어떤 사람은 물건을 사거나 돈을 쓰면서 채운다. 자기 마음에서 어떤 부분이 텅 비어서 바람이 불면 그 빈 부분을 메우고 싶어 한다. 심리적 요인으로 과소비는 보이지 않는 공허함을 손에 쥘 수 있는 물건으로 채우는 몸부림이다.

소비를 줄이려면
마음부터 살펴볼 것

그렇게 해서 허기가 채워진다면 다행이지만, 오래 가질 않는다. 충동구매와 과소비가 반복되는 이유이기도 하다. 뭔가를 사고 나서 후회가 된다면, 마음부터 돌아볼 필요가 있다. 내가 정말 무엇을 원했는지, 사고 싶었는지, 외로웠는지(또는 심심한, 힘든, 짜증난 감정)를 구분한다. 만약 마음에 위로가 필요하다면 잠깐 쉬면서 생각한다. 이때 스스로에게 주는 위로도 힘이 된다. 조금 쉬었다가 다음 날이나 그 다음날 물건의 필요성과 구매 여부를 결정하자.

하루나 이틀 여유를 두면 비합리적 소비를 줄이기 더 편해진다. 뭔가를 사고 싶은 충동이 올라왔을 때 당장 사지 않고 하루 미루기만 해도 충동구매를 줄일 수 있다. 하물며, 그 하루 동안 마음이 허기졌나 돌아보고 위로하는 말도 했다면 더 도움이 될 것이다.

꾸준히 하고 싶다면 '감정일기'를 쓰는 것도 도움이 된다. 길게 쓰지 않아도 된다. 자신을 관찰할 수 있는 데이터를 모으는 용도로 쓰면 된다. 소비 욕구가 강하게 들 때 그 순간의 감정을 기록해 보자. 정말 나한테 필요해서 사고 싶은지, 허기진 감정 때문인지 구분할 수 있는 눈이 생긴다.

감정의 허기를 좀 더 근본적으로 감싸는 방법은 자기 통제력을 기르고 자기 위안으로 균형을 잡는 것이다. 자기 통제력은 자신을 붙잡는 힘이고, 자기 위안은 스스로를 안아주는 위로다. 자기 통제력도, 자기 위안도 연습해서 확장할 수 있는 힘이다. 둘은 서로 연결해서 생각할 수도 있다. 자기 통제력이 약한데 위안만 하려고 들면, 지나치게 감상적이 되거나 감정을 억누르게 된다. 자기 위안도 안 되면서 통제만 하려 든다면 인생이 빡빡해지고 건조해진다.

자기 통제력은 무언가에 휘둘리지 않고 스스로가 정한 기준에 맞추어 자신을 올바로 세우는 능력이다. 만약 자기 스스로를 통제하기가 좀 어렵다고 느껴진다면, 자신을 몰아붙이기보다는 주변 환경을 면밀히 살펴서 목표에 맞는 환경으로 변화시키는 편이 좋다. 밤늦게까지 핸드폰을 사용하지 않겠다고 생각했다면, 침대에 눕기 전에 핸드폰은 멀리 떨어진 곳에 충전시키고 눕는다. 통제력이 필요한 순간이 적어지게끔 환경을 조성하는 방법도 자기 통제력을 높이는 현명한 길이다.

과소비가 계속된다면 체력을 키우자

웬만큼 환경을 조성했는데도 자기 통제력이 발휘되지 않는다면, '한 박자 쉬기'를 연습해 본다. 어떤 감정에 휘둘릴 것 같으면 한 박자 쉬는 느낌으로 몇 초간 심호흡을 한다. 그런 다음 행동이든 말이든 해 본다. 충동이 느껴진다거나 강렬한 요구사항이 생겼을 때도 마찬가지다. 인터넷 서핑을 하다가 계획에 없던 물건을 보고 사고 싶은 마음이 훅 올라왔다면 한 박자만 쉬어 보자. 장바구니에 담았다가 내일 결제하겠노라고 한 박자 쉬어도 좋다. 자신의 충동과 행동 사이에 한 박자를 더 넣고 결정하면 그렇게 만든 틈 때문에 조절하기 쉬워진다.

환경도 만들었고 한 박자 쉬기도 하는데, 그래도 가끔 무너진 것 같다면, 이번에는 기본 체력을 좀 키우자. 자기 통제력을 실행하는 것도 모두 에너지다. 에너지는 유한하다. 무한하지가 않다. 피곤할 때는 통제력도 저하된다. 기본적인 수면과 영양 섭취, 운동, 건강 관리가 모두 자기 통제력을 잘 사용하기 위한 필요조건이다.

그리고 자기 위안에 대해 생각해 보자. 이것도 꽤 중요한 능력이다. 하던 일이 잘 안 풀릴 때, 자신의 노력이 결실을 맺지 못하고 노력의 시간이 배신했을 때, 그럴 때 힘들다. 힘든 순간에 누군가로부터 위로를 받으면 좋지만, 자기 스스로를 위로하는 일도 필요하다.

한 가지 방법은 시간의 틀을 좀 더 긴 호흡으로 바라보는 것이다. 열심히 한 일은 결코 사라지지 않는다. 어딘가에 자양분으로 뿌려진다. 씨앗은 싹이 터서 나올 때까지 어떤 변화가 있는지 보여 주지 않는다.

다른 하나는 기준점 자체를 바꾸는 방법이다. 삶을 향한 기대도 그러하다. 삶이 힘듦과 심심함을 오가는 시계추라고 상상해 보자. 가끔 재미있지만, 대부분은 힘들거나 아니면 심심하다. 그러면 지금 느끼는 감정도 약간은 더 가볍게 흘려보낼 수 있다.

그럼에도 여전히 힘들다면, 생각을 줄이고 몸을 움직여 보자. 현대인들은 마음에 상처를 받고 힘들어할 때가 많다. 그래서 생각을 계속하기보다는 행동하며 마음을 위로하는 편이 도움이 된다. 일어나서 물 한 잔을 마신다든가, 밖에 나가서 30분쯤 걷는다든가, 몸을 움직이며 마음을 위로하자.

아무도 모르게
점집 문 앞까지 갔다

사람들은 그냥 재미로 한다고 말하지만,
운세를 읽거나 사주를 묻는 표정에는 진심 어린 불안이 깃들어 있다.

지수 씨는 오래 사귄 연인과의 결혼 문제로 갈등이 생겼다. 그는 배려 깊고 안정적인 사람이었지만, 우유부단한 면이 있고 홀어머니에게 지나치게 신경을 쓰는 듯했다. 지수 씨는 어느 날 친구들과 함께 사주를 보러 갔는데, 거기서 "남편 복이 없다"라는 말을 들었다. 그 뒤부터 그 말이 지수 씨의 머릿속을 떠나지 않았다.

"저는 원래 사주를 믿지 않아요. 근데 너무 궁금해서 한 번 보니, 그 뒤로는 계속 불안해요. 이 사람이랑 결혼하면 힘들까 봐 걱정되기도 하고, 아예 결혼이 나한테 안 맞나 싶기도 해요."

지수 씨는 인터넷과 사주카페에서 자신의 사주를 더 알아보았고 서로 다른 조언을 들을 때마다 마음이 더 복잡해졌다. 한 곳에서는 '남편과 물과 불의 관계처럼 부딪히기는 하지만 뜨겁게 사랑하는 사이'라고 했고, 다른 곳에서는 '남자와의 인연은 지나가는 인연'이라 했다. 그러면서 '올해가 결혼 운이 가장 좋다'라는 이야기를 들었다고 한다. 그러다 보니 지수 씨는 결혼을 해도 후회, 안 해도 후회인 기분이 들었다.

미래를 미리 알고 싶어 하는 요즘 사람들

지수 씨처럼, 의외로 많은 청년들이 자신의 미래를 알고 싶어서 사주나 무속에 마음을 기댄다. "올해는 운이 어떨까?", "내 사주에 맞는 직업은 뭘까?"라며 무속인들을 찾는다. 자신의 가능성과 자율성을 스스로 끌어내기보다 바깥의 힘이 정한 길을 확인하고 싶어 한다. 바깥에서 들은 말이 힘을 가진 예언이 되고 운명 그 자체가 되면 그 사람은 더 이상 자기 인생의 주인공이 아니다.

사실 이런 현상이 어제오늘 일은 아니다. 우리나라는 세계적으로 손꼽히는 IT 강국이자, 전 세계 GDP 10위에 해당하는 발전한 부국인데도, 여전히 점집이 가장 많은 나라 중 하나다. 주요 일간지에 오늘의 운세라든가 띠별 운세가 심심풀이처럼 실리고, 타로카드나 사주카페를 손쉽게 찾아볼 수 있다. 굿이나 부적, 신점 등을 경험하지 않은 사람도 있겠지만, 그것이 무엇인지 모르는 사람은 없다. 그러다 보니 정치인이나 경제인이 무속인과 결탁되어 있다는 소식도 심심찮게 들린다.

사람들은 그냥 재미로 한다고 말하지만, 운세를 읽거나 사주를 묻는 표정에는 진심 어린 불안이 깃들어 있다. 불확실한 미래 앞에서 누군가 권위를 가지고 방향을 지시해 주기를 바란다. 이렇게 우리가 우리 인생을 감당하지 못할 때, 외부의 해석 체계에 기대기 시작한다.

모호함을
견디는 힘을 기르자

불확실성을 견뎌내는 일은 쉽지 않다. 예전에 정신 분석을 공부할 때 들었던 말이 기억난다. 모호함을 견딜 수 있는 힘이 있어야 제대로 정신을 분석할 수 있다고 했다. 사람의 마음을 더 깊이 심층적으로 들어가는데 어찌 똑 부러진 깔끔한 해석이 존재할까? 애매함과 불분명함을 견디면 마침내 조금씩 깊숙한 진실이 떠오를 텐데, 그 시간을 견디는 일은 어렵지만 중요하다.

사람은 누구나 불확실한 미래를 예측 불가능한 상태로 두는 일에 매우 큰 불안을 느낀다. 그럴 때 미래를 깔끔하게 정리하는 말을 찾게 된다. 사주나 점, 타로는 마치 혼돈 속에 질서를 제공하는 느낌을 준다.

취업이나 이직, 연애와 결혼 등 인생의 전환기를 겪는 사람들에게는 그러한 질서가 마른 땅의 단비처럼 느껴질 것이다. 커리어나 재산 형성과 관련해서 뭔가를 결정해야 할 때, 그 방향의 불확실성은 최고조에 달한다. 그럴 때 무속에 의지하면 불안이 유예되고 '최고의 선택을 했다'는 위안도 생긴다.

이처럼 무속에 기대는 마음을 심리적으로 평가하면 '통제의 소재'가 외부에 있다고 말한다. 즉, 어떤 일의 원인을 자기 자신이 책임을 지기보다는 외부로 책임을 돌리는 것이다. "모든 일에는 다 이유가 있다"라거나 "이건 어쩔 수 없는 내 운명이니까"라고 말한다.

물론 사주나 점이 미래를 말할지도 모른다. 그런데 이렇게 생각해 보자. 세 번, 네 번은 맞는 말을 했지만, 아주 중요한 시점에서 틀린 말을 했다면? 그 결과는 어떻게 감당해야 할까? 해결하기 위해 또 다시 무속에 의지할 것인가?

중요한 사실은 자신의 운명은 자신이 몫이라는 점이다. 사람마다 주어진 운명은 그 나름의 주어진 환경이다. 어떤 방향으로 뛰어갈지, 어느 장소에 머무를지는 그때 그 사람이 결정한 결과 값이다. 그러니 다른 사람의 말에 휘둘리지 않을 나를 준비해야 한다.

운명을 나의 것으로

흔들린다고 느끼는 시기에 운명을 점치는 방법이 아니라, 운명을 설계하는 근육과 힘을 키워야 한다. 우선 자기 효능감을 좀 더 키워 보자. 작은 목표를 세우고 달성하는 경험을 축적할수록 내 선택을 믿고 진행해도 되겠다는 감각이 생긴다.

그리고 선택과 책임을 온전히 나의 것으로 가져오자. 뭔가를 선택할 때 그 선택은 항상 나의 선택임을 잊지 말자. 선택의 결과가 무엇이든 기꺼이 내 것이라고 불러야 한다. 인생은 새옹지마라서, 지금 보기에 나쁜 일이 나중에 무엇이 될지 모르고, 지금 보기에 좋은 일도 나중에 어찌 될지 모른다. 긴 호흡으로 선택과 결과를 온전히 품어 주자.

마지막으로 내 인생 이야기의 작가는 나라는 사실을 기억하자. 일종의 '자기 서사'를 재구성해 본다. 수동적으로 "난 그런 운명을 타고났어"가 아니라, 어떤 과정을 거치며 누구를 만났고 어떤 선택을 했으며 기꺼이 지금의 내가 되었다는 이야기를 만든다. 그렇게 자신을 주인공으로 승격시킨다. 우리는 타인이 말하는 운명의 꼭두각시가 아니라, 주어진 삶에서 주체적으로 판단하고 선택하며 결과에 책임지고 새로운 의미를 부여하며 사는 사람이다.

무속은 때때로 재미가 되거나 위안이 된다. 하지만 그것이 내 판단을 마비시키거나, 나를 더 의존적인 사람으로 만들거나, 내 책임을 외면하게 만드는 도구가 된다면, 그것은 그냥 안 좋은 것 이상도 이하도 아니다. 청년 시기에는 주체적인 인생 날갯짓이 힘차게 퍼덕여야 한다.

애쓰고 있는 나에게 건네는 솔직한 말

애쓰고 있는 자신에게 솔직해지는 연습을 해 보는 공간입니다. 떠오르는 생각이나 감정을 편하게 적어 보세요. 완벽하게 적어야 한다는 부담을 가질 필요는 없습니다.

Q. 내가 생각하는 '행복'의 정의는 무엇인가요?

Q. 무력감을 느낄 때마다 하는 나만의 루틴이 있나요?

Q. 혼자일 때 자주 느끼는 감정을 써 보세요.

Q. 내가 생각하는 인생 2회 차란 무엇인가요?

Q. 나에 대해 써 보세요.

Q. 남과 나를 비교했던 순간 어떤 감정을 느꼈나요?

Q. 남의 눈치를 보다가 하고 싶은 일을 포기한 적 있나요?

Q. 필요 없는 물건을 샀을 때 죄책감이 들었나요?

Q. 미신이나 무속을 믿었던 시기가 있나요? 언제였나요?

2장

감정도 계산도 복잡한 세상에서 살아남기

괜찮지 않은 이유

말 한마디로
어긋날까 두려운 마음

표현력은 타고나기도 하지만,
또 다른 면에서는 배우고 익혀야 하는 기술이다.

슬기 씨는 회사에서 '이건 내 권리야!'라는 생각을 항상 하지만, 말로 표현하거나 타인에게 요구하는 일에는 주저함을 느낀다. 회사에서는 눈치를 보고, 가족에게는 괜찮은 척하고, 친구와의 관계에서도 어느 순간부터 조심스럽게 행동한다. 말 한 마디로 어긋날까 봐, 상처 줄까 봐, 상처받을까 봐 점점 말을 삼켰다. 하지만 그 삼킨 말과 감정은 시간이 지나면서 침전물이 되고, 침전물은 서운함과 거리를 만들어 마음 사이사이에 쌓였다.

이 현상은 단순히 '말을 못 해서' 생기는 문제가 아니라, 심리적인 여러 층위에서 이해할 수 있다.

첫째, 관계의 균형이 무너질까 봐 두렵기 때문이다. 어른이 된 우리에게는 점점 더 많은 관계가 '유지해야만 하는 관계'가 된다. 쉽게 끊을 수가 없다. 직장 동료, 배우자, 시댁/처가, 이웃 등의 관계에서 자신의 권리를 주장하면 관계가 어긋날 가능성이 있다. 주변에서 정당한 말을 하고도 불이익을 받았던 사람들의 이야기를 들을 때면 그런 불안감은 더 커진다. 그러다 보니 하고 싶은 말도 삼킨다.

둘째, 내가 어떻게 보일지 고민하고 스스로 자기 검열을 하기 때문이다. 일종의 사회화된 자기 검열이 자기 내면에 자리 잡아서, 타인에게 불편함을 줄 수 있는 말은 걸러낸다. 이 경우에 자신의 권리를 드러내는 말은 이기적이라거나 공감이 부족하다고 생각한다. 할 수 있는 말인데도 스스로 억누르는 사람이 여기에 해당된다.

셋째, 요청이나 주장을 '사랑 받지 못할 행동'이라고 생각한다. 자기 권리를 말하면, '자기중심적이다, 예민하다, 별나다,

분위기 파악을 잘 못한다' 등으로 여기고 결국 사랑과 인정을 받지 못한다고 생각한다. 어쩌면 이것은 '모든 사람에게 잘 보여야 한다', '갈등을 피하지 못하면 나는 사랑받지 못한다'처럼 비합리적 신념에서 비롯된 태도일지 모른다.

넷째, 표현하는 법을 못 배웠기 때문에 말로 표현하지 못한다. 자신의 감정이나 권리를 건강하게 말하는 사람을 주변에서 못 봤고, 모델링할 만한 사례도 접한 일이 없다. 말하는 법도 배움이 필요하고 경험이 필요한데, 그럴 기회가 없었다.

복잡한 감정을 정리하는
비폭력 대화 4단계

우리는 건강하게 잘 말하는 법을 새롭게 배워야 한다. 표현력은 타고나기도 하지만, 또 다른 면에서는 배우고 익혀야 하는 기술이다. 그냥 '아이 씨'라고 내뱉는 것과, '헐' 정도의 말은 또래 관계에서 쉽게 배운다. 그에 비해 조금 더 고급지게 자기 감정이나 요청을 표현하는 말은 들을 기회가 없었을 수도 있다.

"나는 이럴 때 불편함을 느껴요."
"나는 이렇게 하면 좋겠어요."

이와 같은 문장은 처음 들으면 어색하지만, 한두 번 말하면 어느새 자신의 언어가 된다. 그리고 이러한 표현을 배워갈 때 잊지 말아야 할 점이 있다. 인간관계에서 갈등은 늘 있다는 사실이다. 좋은 관계라고 해서 갈등이 없을 수는 없다. 그보다는 건강하게 표현하며 조율하는 관계가 좋은 관계다. 자기주장을 한다고 해서 그것이 곧 상대를 공격하는 일은 절대 아니다. 자기주장을 공격적으로 할 필요도 없고, 상대의 비위만 맞춘다고 바람직한 관계도 아니다.

심리학 분야에서 널리 사용되는 대화 방식 중 하나는 '비폭력 대화'이다. 심리학자인 마셜 B. 로젠버그는 갈등 해결 전문가로서, 사람들이 더 공감적으로 소통하도록 돕기 위해 이 모델을 만들었다. 비폭력 대화의 핵심은 상대방을 통제하거나 비난하지 않고, 자신의 감정과 욕구를 분명하게 표현한다는 것이다.

비폭력 대화의 4단계 구조를 살펴보자.

1단계는 관찰이다. 어떠한 판단 없이 그저 사실을 말하는 단계다. "당신은 항상 늦잖아!"라고 하지 말고, "우리가 약속한 시간보다 15분 늦게 도착했어요"라고 사실만 얘기하자.

2단계는 감정이다. 그 상황에서 내가 느낀 감정을 말하는 단계다. "나는 속상했어요. 기다리는 동안 섭섭한 기분이 들었어요"라고 이번 상황에서 느꼈던 감정을 말하자.

3단계는 욕구다. 그 감정 아래 있는 나의 욕구를 말하면 된다. "나는 약속을 지키는 일을 중요하게 생각해요. 그리고 함께 시간을 잘 보내고 싶어요"라는 말은 진짜 중요하다. 내 욕구를 자각하는 것이 필수적인데, 나는 늦게 온 사람을 비난하고 공격하고 싶은 욕구가 강한가, 아니면 사실은 그 사람과 약속 시간을 잘 보내고 싶은 욕구가 강한가? 스스로에게 깊이 물어봐야 한다.

4단계는 요청이다. 상대를 비난하지 말고, 구체적인 행동 요청을 하는 것이다. "앞으로는 약속 시간에 맞게 와 줄래요?"처럼 말이다.

비폭력 대화는 어쩌면 가까운 사람과의 관계에서 더 필요하다. 가까운 사람은 나를 잘 안다고 생각하기 때문에 대화할 때 많은 걸 생략하기 일쑤다. 이를테면 친구랑 대화하면서 "너는 왜 매번 내 말을 무시해?"라고 할 수 있다. 비폭력 대화 방식으로 바꾸면 좀 길지만 자세히 하나하나 짚어 나가는 방식이다.

"내가 말할 때, 네가 핸드폰을 계속 보고 있어서, 나는 무시당하는 기분이 들었어. 나는 내 말이 진심으로 들리길 바라고 있어. 앞으로 대화할 때 서로 얼굴을 보면서 말할 수 있을까?"

그 외에, 나를 표현하면서도 인간관계를 망가뜨리지 않는 방법으로는 말할 때 표정 관리를 하는 것이다. 화났거나 짜증났다는 표정을 짓지 말고, 진중하면서 진지하게 임한다는 표정이면 좋다. 미간을 펴고 눈을 온전히 크게 뜨자. 작게 줄어든 눈이나 내려간 입꼬리는 비웃는 표정으로 보일 수 있다.

목소리 톤을 의도적으로 조금 낮추는 것도 도움이 된다. 긴장하거나 갈등 상황이면 자신도 모르게 톤이 올라가기 때문이다. 상대가 충분히 알아들을 수 있는 정도로 성량을 유지하면서 빠르지 않은 톤으로 또박또박 이야기하고, 눈을 맞추면서 상대의 반응을 기다린다. 그러한 비언어적인 행동이 좋은 대화의 장을 열어줄 것이다.

금수저부터 은수저,
흙수저까지

차이는 단지 환경이 아니라,
삶을 해석하고 대응하는 방식에서 나온다.

사람들마다 주어진 조건과 환경이 참 다르다. 어떤 사람은 가난한 부모를 만나서 힘들게 살고, 어떤 사람은 돈 많은 부모를 만나서 고생을 덜 하고 큰다. 또 다른 사람은 부모가 부자지만 정서적으로 학대해서 속병이 깊어지기도 한다.

사람마다 태어나 보니 상황은 주어졌고, 이러한 환경 차이를 극복하기가 쉽지 않아 보인다. 그래서일까 나이가 많아도 여전히 자신의 환경 탓을 하는 사람을 종종 본다. 어떻게 하면 환경 탓을 하기를 벗어날 수 있을까? 소위 말하는 '수저론'을 극복할 방법을 생각해 보자.

'금수저'니 '흙수저'니 하는 수저론은 부모의 경제력 차이에 대한 단순한 불만이 아니라, 개인의 심리적 정체성과 삶의 주도성에 영향을 주는 현대 사회의 구조적 낙차에 대한 반응이기도 하다.

나는 가끔, 금수저와 흙수저의 차이가 더 클까, 신분제 사회의 양반과 평민, 노비의 차이가 더 클까 비교해 보곤 한다. 그리고 자신의 가정환경에 대해 수저론으로 불평하던 서른 살 후배에게 생각해 보라고 하기도 했다. 그때 그 후배는 "양반과 노비 차이보다는 낫지만 그래도…"라고 말끝을 흐렸다.

어떻게 해석하고
어떻게 바꿔 나가야 할까

환경 탓을 넘어서려면, 단순한 정신 승리만으로는 부족하다. 그럼에도 대전제로서 이야기할 수 있는 이유는 심리치료의 주요 원칙 같은 것인데, 사람에게는 주어진 환경이 전부가 아니며, 그 환경을 어떻게 '해석'하고, 어떤 '이야기'로 바꿔나가는가에 따라 삶의 방향이 크게 달라진다는 점이다.

여기 두 명의 수저론 굴복자와 극복자가 있다.

먼저 굴복자의 이야기를 해 보자. 현수 씨는 서울의 한 중소기업에서 계약직 사원으로 일하고 있다. 그는 지방 국립대를 졸업했고, 부모는 맞벌이지만 넉넉하지 못해 자신의 등록금과 생활비를 모두 아르바이트로 감당하며 학창시절을 보냈다. 현수 씨는 취업을 준비하던 때부터 늘 "서울 애들이랑은 경쟁이 안 되지"라고 입버릇처럼 말했다. 어학연수, 인턴 경험을 쌓은 스펙이 다르다고 했다.

현수 씨는 노력보다 출발선이 문제라고 믿었다. 자격증을 공부할 때에도 "어차피 나 같은 사람은 써 주지도 않아"라는 말을 했다. 주변에서 더 나은 기회를 제안해도 그는 '내 환경에선 안 되는 일이야'라며 마음속으로 선을 그었다. 결국 현수 씨는 점점 더 주도권을 놓친 삶을 살게 되었고, 불만은 깊어지지만 뭔가를 바꾸려 시도하지는 않았다.

수저론 극복자 준우 씨는 달랐다. 준우 씨는 충청도 소도시의 한 고등학교를 졸업한 뒤, 군대를 다녀오고 2년 동안 공장에서 일했다. 경제적으로 여유가 없어 대학 진학은 미뤘고, 일하면서 방송통신대에 입학했다. SNS에서 또래들이 재미난 대학생활을 하는 모습을 보거나 외국에 가서 경력을 쌓는 모습을 볼 때면 한없이 부럽기도 했다. 하지만 준우 씨는 비교 대신 자기 삶의 조건을 정확히 인식하고, 어떻게든 자신의 가치를 만들 생각을 했다.

컴퓨터 프로그래밍 언어를 다룰 줄 알면 좋겠다는 결론을 내리고 매일 2~3시간을 투자해 파이썬을 공부했고, 온라인에서 실무 프로젝트도 꾸준히 참여했다. 몇 년 뒤 준우 씨는 IT 회사에서 데이터 분석 업무를 맡았고 자신의 이야기를 유튜브에 꾸준히 올리면서 사람들과도 소통하고 있다.

"수저는 출발선일 뿐, 끝이 아니라고 믿어요. 제 이야기는 제가 앞으로 계속 써 나갈 거예요."

현수 씨와 준우 씨의 이야기에서 보듯, 이미 어떠하다고 단정 지으면 그렇게 단정 지은 이야기가 곧 내 미래가 된다.

차이는 환경에서
비롯되지 않는다

사실, 수저는 밥을 떠먹고 국을 떠먹고 뭔가를 먹기 위한 도

구일 뿐이다. 수저의 재질이 금이나 은이라고 해서 동수저나 나무 수저보다 '떠먹는 기능'이 더 좋을까? 아니면, 뭘 떠먹을지를 수저 재질이 아예 결정할까? 둘 다 아니다. 수저로 뭘 떠먹을지, 제대로 잘 떠먹을지는 수저를 쥔 손이 어떻게 움직이느냐에 달렸다.

수저론은 세상을 바라보는 프레임이 될 수도 있고, 삶을 포기하거나 게으른 선택을 한 뒤에 자기 합리화를 하는 핑계가 될 수도 있다. 사안에 따라 애매할 때가 있겠지만 무슨 수저를 가지고 태어났든 그 수저로 자기 인생의 밥을 떠먹는 사람은 환경보다 해석의 힘으로 살아가는 사람이다.

환경을 탓하는 사람이 청소년이라면 얼마든지 흔하고 자연스러운 태도라고 넘길 수 있다. 요즘은 발달이 빨라서 아동기부터도 또래와 비교를 많이 한다고 하는데, 어쨌거나 또래와의 비교가 가장 예민하게 발달하는 시기는 청소년기다. 그 시기 즈음에 비교로 인한 박탈감은 꽤 크게 다가온다. 부모의 지원, 배경, 인맥, 재산이 나의 성취와 맞물려 보이고, 또래와의 격차가 부럽거나 억울하게 느껴진다.

나름대로 열심히 했지만 성과가 나지 않았을 때는 더욱 그러하다. 이때는 누구나 '내 탓이 아니야'라는 심리적 방패를 찾는다. 그래서 뭔가 잘되지 않을 때는 모두 타고난 환경 탓이라는 생각을 한다. 그런데 이러한 수저론을 20대, 30대가 지나도록 계속 들고 있다면, 그것은 마음이 더 자라기를 거부했다고 본다. 서른이지만 유아기적 자기중심성을 지녔다고 봐도 무방하다.

태어났을 때 환경 차이는 엄연히 존재한다. 하지만 어떤 삶을 살아낼지는 결정된 바가 없다. 같은 환경이어도 사람마다 다른 인생 이야기를 만든다. 어떤 이는 금수저인데 마약에 손을 대서 피폐해진 삶을 살고, 다른 이는 흙수저인데 열심히 살면서 서른에 돈 1억 원을 모아서 뿌듯하고 행복하다고 고백한다.

차이는 단지 환경이 아니라, 삶을 해석하고 대응하는 방식에서 나온다. 환경은 바꿀 수 없지만, 그 환경에 대한 반응은 선택할 수 있다. 수저론에 붙잡혀서 살 텐가, 무슨 수저든 감사한 마음으로 맛있게 밥을 먹을 텐가.

번아웃도 힘든데
토스트아웃까지?

2년 이상 지속되는 만성적인 무기력과
낮은 자존감, 삶의 흥미 결여는 사람을 서서히 침식시킨다.

번아웃(Burnout)이라는 외래어가 어느 틈에 우리 사회에서 익숙한 말이 되었다. 번아웃은 만성피로의 끝판왕이다. 에너지를 너무 많이 써서 더 이상 아무 것도 남지 않았는데 그냥 또 움직이고 살아간다. 그러다 보니 자꾸 짜증이 난다. 주변 사람들에게도, 나 자신에게도 불친절한 사람이 된다. 차츰 몸 여기저기에서도 고장 신호가 나타난다. 잠을 잘 못 자고 머리도 아프다.

상담실에 들어온 윤지 씨는 무표정한 얼굴에 낮은 목소리로 만사가 귀찮고 힘든데 어떻게 해야 할지 모르겠다고 말했다. 그녀는 7년째 중견기업에서 마케팅 업무를 맡고 있었다. 일을 향한 열정에 비례해, 업무는 계속해서 더 늘어나고 야근도 잦았다. 직책이 올라가면서 책임은 늘었는데, 권한은 별로 없는 구조 속에서 윤지 씨는 점차 지쳤다고 했다.

퇴근하고도 이메일을 확인하고, 주말에도 마감을 준비하느라 쉴 수 없었다. 주변에서는 안정적인 직장을 다녀서 좋겠다고 부러워했지만, 윤지 씨는 점점 도대체 왜 이 일을 하는지 의문이 커졌다. 어느 날부터는 출근을 준비하면서 가슴이 답답해졌고, 아무리 자도 피로가 가시지 않았다. 일에 집중이 안 되고, 작은 실수도 계속 생기다 보니 자신감이 없어지고 눈물도 났다고 한다. 윤지 씨는 자신이 게을러지고 무능해졌다고 했지만, 사실 그녀는 전형적인 번아웃 증후군을 겪고 있었다.

소진된 마음을 어떻게 채워야 할까

우리는 왜 이렇게 소진되었을까? 인간을 소모품처럼 대하는 사회와 무한경쟁 시대의 영향에서 벗어나기 쉽지 않다. 삶이

쉼 없는 달리기가 되니, 쉬면 뒤처질까 봐 불안하다. 토끼와 거북이 동화에서도 그렇게 말하지 않는가. 쉬지 않고 걸어간 거북이가 이기는 거라고. 애당초, 거북이와 토끼는 종 자체가 다른데 왜 그리 비교하게 되었을까?

비교는 기본적으로 심리적 압박을 깔고 있다. 나는 우리 사회에서 더 특징적으로 드러나는 여러 심리, 대인관계, 사회적 상호작용이 있다면, 그 대다수는 전쟁의 영향을 받았다고 생각한다. 직접 전쟁을 겪던 세대가 아직도 살아 있지만, 설사 그분들이 아니라 하더라도 윗대로 거슬러 올라가면서 저 먼 세대에서 겪었던 경험과 감정, 마음에 깊이 아로새겨진 상흔은 그다음 세대에게 전달된다. 그 아픔이 생생한 흔적과 행동지침, 삶의 방식으로 내려오는 것이다.

우리나라 사람들이 공유하는 불안과 속도감, 주변과의 비교는 살아남기 위한 생존 전략의 일환이다. 전쟁 상황에서 살아남으려면 예민한 불안 감각을 연마해야 했고, 빨리 움직여야 했다. 주변 상황을 살펴서 행동을 정해야만 했다. 6·25 전쟁 이후 긴 휴전이 지속되는 동안, 우리나라는 어느 정도 충분한 '전쟁 억지력'을 갖추었다. 하지만 심리적으로 사람들에게 생존은 암묵적으로 절실한 과제가 되었고, 살아 있는 한 지속해야 하는 투쟁이 되었다. 그 투쟁의 굴레에서 사람들은 은연중에 '이것이 언제 끝날까?' 하는 마음을 품고 끝이 보이지 않는 데에서 무기력해졌다.

번아웃을 '해걸이'로 극복하자

번아웃이 왔다면 어떻게 대처해야 할까? 우선은 내가 번아웃임을 인정해야 한다. 자신의 상태를 인식하고 인정하는 것이 첫 번째다. 그다음, 초점을 회복으로 옮겨야 한다. 이제까지의 초점이 성공이었다면 그 초점을 바꿔서 회복과 충전을 우선으로 두자.

회복 시간을 보내는 방식은 다양한데, 24시간 전체를 회복 시간으로 보내거나 며칠, 몇 주를 보낼 수도 있다. 아니면 하루 중 수면 시간 포함 10시간을 회복 시간으로 따로 떼어놓을 수 있다. 약속이나 사교 모임은 건강상의 이유로 거절할 수 있다. 어쩔 수 없다며 끌려다니다가 몸도 마음도 만신창이가 되기보다는, 내 몸과 마음을 재정비하는 편이 훨씬 유익하다.

'해걸이'라는 농사의 기술이 있다. 농사를 한 해 거르는 방법이다. 땅을 쉬지 않고 연속적으로 농작물을 경작하면, 땅도 지친다. 나중에는 그 땅에서 비리비리한 농작물만 나온다. 지력이 다했기 때문이다. 아무 것도 경작하지 않고 그냥 어느 해를 거르면 그때 땅은 지력을 회복한다. 사람들이 해걸이를 하지 않으면, 땅이 알아서 스스로 반만 한다. 한 해는 작황이 좋지만, 그다음 해에는 작황이 반 정도로 뚝 떨어지는 현상을 보인다. 번아웃도 우리 인생의 해걸이다.

번아웃이 아니라 토스트아웃이라고?

번아웃 다음으로 우리 사회에 등장한 말은 토스트아웃이다. 토스트아웃은 번아웃이라고 부를 만큼 심각하지는 않지만 번아웃 바로 전 단계로 본다. 식빵이 토스트기에 들어가서 구워져 나오듯이 갈색으로 구워진 상태다. 즉, 감정이 메마르고 건조하며 의욕이 없고 공허하며 무의미하다고 느낀다.

민호 씨는 콘텐츠 기획자로 일한 지 7년째다. 처음엔 자신이 만든 콘텐츠가 불러오는 반응이 재미있고 좋은 결과를 얻으면 기뻤다. 동료들과 야근하며 아이디어를 짤 때도, 자신이 새로운 콘텐츠를 만드는 사람이라는 자부심이 있었다.

그런데 언제부터인가 계속 피곤하다는 느낌을 받았고 아침에는 늘 멍했다. 새로운 프로젝트가 시작되어도 '아, 또 이거야' 하는 마음이었다. 점차 감정이 줄었다. 딱히 기쁜 일도 없었지만, 화날 일도 크게 와닿지 않았다. 동료가 웃긴 얘기를 하면 자동적으로 하하 웃었지만, 솔직히 재미는 없었다. 그냥 아무 느낌이 없었다. 사는 게 재미가 없었다.

퇴근 후엔 예전처럼 사람을 만나지 않았다. 약속은 번거롭고, 이야기하는 것도 피곤했다. 그냥 집에 돌아와서 침대에 누워 스마트폰을 만지다 자는 일상이었다. 그렇지만 민호 씨는 사는 게 힘들다고 느끼지는 않았다. 그냥, 조용할 뿐이었다. 그러다가 새로 들어온 신입 사원이 눈을 반짝이며 이번 프로젝트가 기대된다고 얘기하는 말을 듣고 자신이 무엇을 잃어버렸는지 깨달았다.

민호 씨는 약간 주저하며 이렇게 말했다.

"저… 뭔가 딱히 힘든 건 아닌데, 그냥, 사는 게 아무런 재미가 없어요."

민호 씨의 모습은 전형적인 토스트아웃이다. 번아웃처럼 에너지를 과잉 소진하지도 않았고 명확하게 우울하거나 가라앉은 상태도 아니다. 다만 감정이 잦아들고 욕구도 메마른 상태다. 해야 할 일을 못 해내지는 않지만, 그렇다고 하고 싶은 일도 없다. 마치 동결 건조한 채소처럼, 메마르고 건조하다. 충격이 오면 바사삭 사그라질지도 모른다. 토스트아웃 상태가 길어지면 의욕 저하, 활력 상실, 사회적 고립으로 이어지고 결국은 더 안 좋은 결과를 가져올 수 있다.

기억해야 할 점은 토스트아웃이 되기까지 특별한 계기가 없다는 사실이다. 그냥 서서히 생기가 사라진다. 그래서 자신의 상태가 문제라고 자각하기 어렵다. 그저 어른이 되는 과정쯤으로 여기기도 한다. 하지만, 토스트아웃이 된 직장인은 자신의 일과 삶에서 재미와 의미를 찾지 못한다.

행복을 인수분해하면 한쪽에는 재미가, 다른 쪽엔 의미가 남는다. 만약, 삶에서 재미와 의미를 둘 다 찾을 수 없다면, 그 사람은 불행하다. 고통이 있더라도 행복할 수 있는데, 그것은 고통에 의미가 있을 때 그러하다. 대단한 의미가 없다 하더라도 소소한 재미를 느낄 수 있다면 역시 행복하다.

토스트아웃이 된 사람들은 삶의 습기를 보충해서 재미와 의미를 채워야 한다. 그래야 살아 있다는 데서 행복도 누리고, 미래에 만날지도 모르는 어려움을 견딜 수 있다.

괜찮아 보이지만
사실은 망가지고 있었다

토스트아웃은 메마르고 건조하다뿐이지, 겉으로는 큰 문제가 없어 보인다. 일도 그럭저럭 하고, 일상은 돌아가며, 겉보기엔 '멀쩡한 어른'의 모습을 유지한다. 그래서 토스트아웃이 덜 심각하게 보인다.

반면, 번아웃이 더 심각하고 위험한 상태라고 여긴다. 감정적 탈진, 동기 상실, 업무 혐오감이 폭발적으로 나타나며, 마치 불타버린 듯한 극적인 탈진 상태는 분명 우리의 눈길을 끈다. 하지만 과연 그럴까? 토스트아웃은 별로 심각하지 않을까?

잠깐 이야기의 방향을 '우울장애'로 돌려볼까 한다. 우울장애라는 큰 카테고리에 주요우울장애(MDD)와 지속성우울장애(PDD)라는 정신장애가 있다. 주요우울장애는 우울이 두드러지게 드러나고 강렬하다. 극심한 우울감으로 기능 저하가 눈에 띄며, 주변에서도 문제를 인지하기 쉽다.

하지만 지속성우울장애는 그만큼 두드러지지 않는다. 은근하고 오래 간다. 명확한 고통을 호소하지 않지만, 2년 이상 지속되는 만성적인 무기력과 낮은 자존감, 삶의 흥미 결여는 사람을 서서히 잠식시킨다. 오히려 이 만성성이 치료를 더욱 어렵게 만든다. '나는 원래 이런 사람인가 보다', '삶이 원래 이렇지'라며 자각조차 흐려진 상태이기 때문이다.

이러한 차이를 다르게 표현하면, 우울함은 '강도'보다는 '지속성'을 잘 살펴봐야 한다. 몇 주 이내로 강렬하게 우울하면 도리어 극복할 수 있다. 하지만, 뭉근하게 2년 이상 우울하다면 쉽게 바뀌지 않을 수 있다.

나는 두 가지 우울장애의 차이와 번아웃-토스트아웃 차이가 닮았다고 생각한다. 번아웃은 강렬하기 때문에 멈추게 하고, 문제를 자각하게 만들며, 쉬어야겠다는 신호를 분명히 준다. 그러나 토스트아웃은 상대적으로 자각이 없다. 일상에 묻혀 조용히 진행되며, 자신이 지쳤다는 사실도 모르고 계속해서 '기능'만 수행한다.

그러다 보면 변화의 계기조차 발견하기 어려워진다. 항상 피로함을 당연시하고, 삶의 무미건조함을 '그냥 사는 거지'라며 받아들인다. 그래서 토스트아웃은 번아웃보다 회복이 훨씬 더디고, 변화 가능성은 더 낮을 수 있다.

어쩌면 우리는 크게 아픈 사람만을 병으로 간주하고, 조용히 아픈 사람은 방치하는지도 모른다. 번아웃이 아니라서 괜찮은 게 아니라, 토스트아웃도 세심하게 살펴야 하는 마음의 상태다.

이러지도 못하고,
저러지도 못하고

어떤 길이라도 그 길을 선택했기 때문에
포기하거나 가 보지 못한 길이 생기기 마련이다.

요즘 인터넷 커뮤니티의 장난스러운 글 중에 유행처럼 번지는 글이 '점메추, 저메추'다. 점심과 저녁 메뉴를 추천해 달라는 말이다. 결국은 자신이 결정할 텐데, 굳이 다른 사람들에게 묻는다. 떠오르는 메뉴가 없어서일 수도, 괜히 글을 한번 써 보고 싶었을 수도 있다.

장난처럼 웃어넘길 말이지만, 실제로 간단한 선택도 어려워하는 사람들이 많다. 나이 든 사람들보다는 상대적으로 젊은 사람들에게서 그런 모습이 많이 보인다. 왜일까? 성공과 실패를 너무 무겁게 생각하기 때문일 수도 있고, 실패하고 재기 가능성이 사회 전반적으로 낮아졌다고 인식하기 때문일 수 있다.

어차피, 언젠간 선택해야 한다

인생은 선택이다. 청소년기에 별다른 선택권 없이 주어지는 대로 해야 했을 때에는, 다른 선택지를 달라고 애써 싸워야 했는데, 어른이 되고 보니 모든 게 선택이다. 선택지가 너무 많아서 힘들 지경이다. 20대에도 선택권은 있었지만, 그래도 주변에 조언하는 사람들이 많았다. 그런데 서른 즈음부터는 단순한 결정부터 삶의 방향과 주도권까지 스스로 맡아야 한다. 주변에 물어봐도 되지만 최종 결정과 책임, 결과 감당은 모두 자신의 몫이다.

돈이 들어가는 모든 일에 선택의 할 순간이 온다. 공부를 더 하겠다고 생각했을 때든, 주택처럼 덩치 큰 물건을 구입할 때든, 어디에 투자할 때든 선택에 혼란이 오곤 한다. 크지 않고 작은 일에도 그렇다. 취미생활에 사용할 장비를 구입할 때나 누군가에게 선물할 때도 크든 작든 돈을 쓸 때는 정말이지 혼란스럽다. '돈'으로 대표되는 가치와 기회, 수고와 노동이 한꺼번에 소비되는 결정이니 말이다. 그러니 어쩌면 선택을 명확히 하려면 경제적 독립이 필요조건일지도 모른다.

한 번의 선택은 꽤 긴 기간에 영향을 준다. 그리고 그 결과는 누구의 탓도 아니다. 직업의 결정이나 이직을 고민할 때의 선택도 그러하다.

진영 씨는 지금 다니는 회사에 나름대로 적응도 했고 월급도 괜찮은 수준이다. 회사를 계속 다니는 편도 나쁘지 않다. 그런데, 다른 곳에서 오라는 제안을 받았다. 일은 좀 힘들겠지만 연봉은 더 높다. 어디를 선택해야 할까?

이러한 고민은 부정적인 말로 바꾸어도 동일하다. 현재 회사는 자신을 괴롭히는 직장 상사가 있어서 너무 힘든데, 여기보다 월급을 약간 적게 주는 다른 회사로 이직할 기회가 생겼다. 어디를 선택해야 할까? 선택을 망설이는 심리를 심리학으로 좀 더 들여다보자.

선택을 못하는 사람들은 무엇보다 완벽주의 성향이 있을 수 있다. 최고로 좋은 게 아니면 안 된다는 사고방식은 자신의 선택을 성공과 실패로 나눠서 보게 만든다. 결국 선택은 부담스럽게 느껴지고 어느 하나를 고르지 못한 채 비교만 하면서 시간을 보내게 된다.

  또한 선택지가 너무 많은 경우에도 선택이 어렵다. 이것은 다음에 나오는 선택의 역설에서 설명하기로 하자. 마지막으로 완벽주의 성향의 어두운 버전인데, 후회할까 봐 두려워서 선택을 못하는 것이다. 보통 완벽주의는 최고를 고르느라 선택을 못하는데, 이 경우는 잘못된 선택을 해서 후회할까 봐 두려워서 선택을 못한다.

완벽한 선택보단
괜찮은 선택을

  어떻게 바른 선택을 해야 할까? 일단, 선택에 있어서 '완벽한 선택'은 존재하지 않는다는 사실을 받아들여야 한다. 완벽함은 항상 궁극적인 환상이며, 실제 현실은 '그만하면 괜찮은 선택, 충분히 좋은 선택'이 있을 뿐이다.

  그다음, 선택에 영향을 주는 심리적 동기가 무엇이냐에 따라 찾는 방법이 약간 달라진다. 진영 씨 사례처럼, '더 좋은 선택'을 찾는다면 이 책에서 내내 강조한 바와 같이 자신의 우선순위에 따라 선택하면 된다. 누가 보더라도 장점만 있는 선택지는 없다. 어떤 길이라도 그 길을 선택했기 때문에 포기하거나 가 보지 못한 길이 생기기 마련이다. 그러니 '최고의 선택'을 하려고 하기보다는 '내가 무엇을 중요시하는지, 그 우선순위에 따른 선택'을 분명하게 하면 된다.

만약, 선택에 영향을 미치는 요인이 불안과 걱정 때문이라면 이것을 기억하자. 의외로 우리가 걱정하는 일의 대부분은 일어나지 않는다는 점이다.

특히 미래에 대한 걱정이라면, 대체로 일어나지 않는다. 구체적인 수치로는 대략 85퍼센트의 내용은 실제로 일어나지 않는다. 남은 15퍼센트의 내용 중에서도 5분의 4, 즉 12퍼센트는 예상보다는 괜찮은 결과가 된다. 그러니, 우리가 걱정하는 내용의 3퍼센트 정도만이 실제로 그만큼 안 좋은 결과로 나타나는 것이다.* 걱정 때문에 선택에 어려움을 겪는다면, 기억하자. 내 걱정의 97퍼센트는 괜찮다.

그래도 선택이 어렵다면, 작은 것부터 선택하는 훈련을 해 보자. 모든 것이 연습과 훈련을 반복하면 더 좋아진다. 소소하고

---

* 이 연구는 코넬대학의 로버트 리 교수가 불안장애를 가진 참가자들을 대상으로 조사했던 것이며 《The Worry Cure(걱정 치료)》 책에서 소개했다. 그 외에도 펜실베니아 주립대학의 토마스 볼코벡 교수 팀도 비슷한 연구를 했고 92퍼센트의 걱정 내용은 발생하지 않았다고 했다.

작은 선택부터 훈련을 하다 보면, 조금 더 크고 중대한 사안에서도 선택하기가 쉬워진다. 왜냐하면 작은 선택과 결정을 반복하는 과정을 통해 자기 효능감이 차곡차곡 쌓이기 때문이다.

선택의 함정에서
벗어나기

선택지 개수도 마치 기억해야 할 정보의 개수와 비슷하게
'매직 넘버'가 있다.

  앞에서 직장 이직을 예로 들면서 계속 남을지, 다른 곳으로 갈지, 둘 중 하나의 선택에 대해 이야기했다. 둘 중 하나가 경합이 되는 이유는 각 선택지가 제공하는 이점이 다른데 그 이점이 주는 매력은 비슷하기 때문이다. 옆에서 누군가 전자를 선택하는 편이 좋지 않냐고 묻는다면, 선택의 기로에 선 당사자는 그때부터 후자의 장점을 강하게 느낀다. 그렇다고 후자를 선택하라고 추천한다면, 다시 전자의 장점을 버리는 선택이 아까워 보인다.

  선택지가 하나 더 늘어서 셋 중 하나를 선택한다고 하자. 그

경우에 이익과 손실을 비교하는 방법은 좀 더 효과가 있다. 둘만 있을 때는 엇비슷하겠지만, 셋이 되면 셋 다 똑같기는 어렵기 때문이다. 더 좋은 것과 덜 좋은 것이 보이게 되니 선택하기가 조금 더 수월해진다.

그러면 선택지가 많으면 많을수록 좋을까? 그것은 또 그렇지 않다.

선택 만족도를 좌우하는
7의 마법

선택지 개수도 마치 기억해야 할 정보의 개수와 비슷하게 '매직 넘버'가 있다. 힘들지 않게 기억할 수 있는 정보의 개수는 대략 일곱 개 전후다. 선택지 개수도 예닐곱 개 정도 있을 때 만족도가 가장 크고, 이를 넘어서서 열 개, 스무 개로 선택지가 늘어나면 선택 후 만족도는 오히려 떨어진다.

얼핏 생각하면 선택지가 많으면 많을수록 그중에서 가장 좋은 선택을 하니 훨씬 더 좋은 결정을 하고 만족감과 행복도 더 클 듯하다. 그런데 실제는 그렇지 않다. 물론 선택지가 하나밖에 없다면, 그건 선택의 여지가 없다. 그런데 예닐곱 개 중에서 선택하는 것과 스무 개 중 선택을 비교해 보면, 전자가 오히려 후자보다 만족감이 높다.

　이를 증명한 유명한 실험이 있다. 미국 콜럼비아대 경영대학원 쉬나 아이엔가 교수의 실험이다. 참가자들에게 초콜릿을 제공하고 초콜릿에 대한 평가와 구매 여부를 살펴보았다. 초콜릿은 참가자들 세 그룹에게 각 한 종류, 여섯 종류, 서른 종류를 제공했다. 그 결과, 만족도는 초콜릿 여섯 종류를 받은 집단에서 가장 높았고 시식 이후 구매도 가장 많이 이뤄졌다.

　비슷한 종류의 잼 실험도 있다. 식료품 가게 한 쪽에 잼 시식대가 있는데, 하루는 여섯 개의 잼을 진열했고 다른 날은 스물네 개의 잼을 진열했다. 구매자들의 행동을 분석했더니, 잼이 여섯 개일 때보다는 스물네 개일 때 확실히 더 많은 사람들이 시식을 했다. 그런데, 시식 이후 실제로 잼을 구매한 사람들은 여섯 개의 잼이 놓여 있을 때 방문했던 사람들이었다. 심지어 방문자 인원이 더 적었음에도, 실제 구매자는 여섯 개 잼이 놓인 날 방문했던 사람들이 더 많았다.

　만족감은 선택의 가짓수가 아주 적을 때에는 낮지만, 가짓수가 많아지면 서서히 올라간다. 하지만 그 가짓수가 어느 수준을 넘어서면 다시 만족감이 떨어진다.

선택지가 너무 많아지면, 가보지 못한 길에 대한 미련도 커지고, 내 선택에 대한 확신은 줄면서 이것이 좋았으면 하는 기대는 더 커지기 때문에 결국 경험하는 만족감은 줄어든다.

나에게 딱 맞는
우선순위를 세우는 법

자, 그래서 마침내 선택은 어떻게 해야 할까? 선택에서 중요한 요인은 '기준'이다. 선택 기준은 스스로 인식하는 우선순위가 좋다. 우선순위는 당장 보이는 이익과 손실에 비해 더 근본적인 가치를 담고 있다.

자신에게 중요한 건 무엇인가? 무엇을 가치 있다고 느끼는가? 우선순위를 찾을 때 스스로 소중하게 생각하는 인생의 핵심 가치를 적어 봐도 도움이 된다. 이를 테면 성장, 자유, 가족, 창의성 같은 것이다. 아니면 5년 뒤의 내 모습, 10년 뒤의 내 모습을 그려 봐도 도움이 된다. 아예 일흔 살, 여든 살, 아흔 살이 된 내가 나에게 주는 편지라고 상상해서 글을 쓰는 것도 좋다.

그렇게 우선순위를 정립하면, 1번 선택지와 2번 선택지가 상반되거나 서로 경합하는 내용일 때도 있다. 그럴 때는 조금이라도 더 우선순위에서 높은 기준을 따라야 한다. 그리고 1번과 2번이 경합했음을 잊지 말아야 한다. 그래야 내가 택하지 않은 선택지에 대해 미련을 잘 접을 수 있다.

우선순위를 정할 때 하나의 기준만으로 순위를 매기면 동점이 되는 상황이 발생한다. 이럴 때는 두 가지 기준을 사용해 정렬해 보는 방법을 추천한다.

먼저 가로축(X축)은 '내가 그 일에 부여하는 가치'를, 세로축(Y축)은 '실현 가능성'을 놓는다. 그러면 이 평면에서 1사분면에 속한 선택지는 가치도 높고 실현 가능성도 높아 가장 우선순위가 높다. 반면 3사분면에 속한 선택지는 가치도 낮고 실현 가능성도 낮아 우선순위가 낮은 것이다.

다른 방식으로 4분면을 만들 수도 있다. 해야 할 일의 우선순위를 잡는 아이젠하워 매트릭스가 그러한 예다. X축은 사안의 긴급성 여부이고, Y축은 중요성 정도다. 그러면 다음과 같은 4사분면이 완성된다.

<아이젠하워 매트릭스의 4사분면>

```
                        중요성 높음
                            │
                            │         아픈 가족
                   운동      │         병원 데리고 가기
         독서               │
                            │
     미래 목표 세우기        │         마감 임박한 업무 1
                            │
         2사분면             │         1사분면
    ────────────────────────┼────────────────────────
     긴급하지 않음           │              긴급함
                   메신저 확인
                            │         마감 임박한 업무 2
                            │         이메일 답장하기
       휴대폰 게임           │
                            │
         3사분면             │         4사분면
                            │
                        중요성 낮음
```

  여기서 누가 보더라도 1사분면은 중요하고 긴급한 일이다. 그러니 늘 마음을 쓰게 된다. 그리고 3사분면은 긴급하지도 중요하지도 않은 일이다. 2사분면은 중요하지만 우선순위에서 밀리고 있지는 않았는지 확인해야 한다. 중요한 줄은 알지만 급한 일이 아니면 밀리기 마련이다. 마지막으로 4사분면의 일은 급하다는 이유만으로 앞자리를 차지하지는 않는지 한 번쯤 생각해 봐야 한다.

우리는 모두
언젠간 늙는다

심리적인 부담을 피하고자 인간은 누구나
노화와 죽음을 남의 일처럼 타자화(他者化)하며 살아간다.

경제적으로 불확실한 시대에 사는 청년층은 자신의 미래와 노후를 대비하는 데에 열정적이다. 연금을 들고, 부동산도 알아보고, 보험도 넣으면서 미래를 준비한다. 자본주의 사회에서 경제를 대비하는 일은 중요하니 노후 대비 중심으로 자산이 설계되는 일이 자연스럽다. 모두가 비슷한 방향으로 노후를 준비하기에 다른 사람들의 이야기를 들으면 왠지 안심이 된다.

그런데 가만히 들여다보면, 어딘가 이상한 전제가 깔려 있다. 지금의 내가 미래에도 그대로 존재하리라는 무의식적 전제다. 기껏해야 몸이 조금 약해지고, 머리가 예전보다 조금 느려질 뿐이라는 막연한 기대도 섞여 있다.

서른에서 마흔이 되고, 마흔에서 쉰이 되는 속도는 빠르다면 빠르고 느리다면 느린 전개로 진행된다. 우리는 모두 나이를 먹지만, 정작 내가 늙는다는 사실을 실감하며 사는 사람은 거의 없다. 그러다 보니, 돈에만 집중해서 자신의 미래를 준비한다. 마치 안정적 수입원만 대비하면 앞으로 행복할 것처럼 말이다.

나이 먹는 것에 대한 두려움

혹시 어린 시절에 할머니, 할아버지는 원래부터 나이 드신 분이라고 가정하지 않았는가? 그분들의 젊은 시절 사진을 보면 마치 다른 사람처럼 느껴진다. 마찬가지로 사람들이 자신의 미래를 생각할 때 할머니, 할아버지가 된 자신을 떠올리지 못하는 편이다. 이는 '자기 연속성'이 왜곡되어서 그렇다.

자기 개념에 관한 심리학 연구에서 사람들에게 현재 나이보다 훨씬 나이 든 자신의 얼굴을 합성해서 보여 줬더니, 사람들은 그 모습이 자기 자신이라기보다는 타인처럼 느낀다고 밝혔다. 즉, 현재의 자기와 미래의 자기가 연속되지 않고 '미래 자아 불연속성'을 보인다.

놀랍게도 이러한 불연속성은 어떤 개인의 의사 결정이나 목표 설정에도 영향을 미친다. 나이 든 내 모습은, 지금 현재의 내 모습과는 별개라고 느껴진다고 생각해 보자. 그렇다면 그 별개의 존재를 위해 내가 지금 애쓰기보다는, 현재의 내가 느낄 만족과 행복을 더 우선시하게 되지 않을까?

노인이 될 미래를 진심으로 고민하지 않는 이유 중 '역사의 종말 착시'라는 현상이 있다. 사람들이 과거에 겪었던 변화는 과대평가하는 반면, 미래에 겪게 될 변화를 과소평가한다는 뜻이다. 현재의 자신은 지나온 여러 경험을 거치며 만들어진 완성형이라고 착각하며, 앞으로는 별로 달라지지 않는다고 생각한다.

하지만 실제로 사람들은 30대, 40대, 50대를 계속 지나면서 가치관도 바뀌고, 우선순위도 바뀌고, 인간관계 방식이나 성격도 바뀐다. 그러므로 역사의 종말 착시는 일종의 인지적 오류인데, 일반적으로 대다수의 사람들이 가진 경향이기도 하다. 이러한 착시 현상에는 노화를 부정하는 심리적 방어기제도 개입한다. 노화, 죽음, 노환, 상실 등은 그다지 떠올리고 싶지 않은 주제다. 심리적인 부담을 피하고자 인간은 누구나 노화와 죽음을 남의 일처럼 타자화(他者化)하며 살아간다.

"그래, 언젠가 늙지"라고 말하지만 나이 든 자기 자신을 위한 대비는 경제적인 면 하나 외에는 거의 전무하다. 그마저도 하지 않아서 힘든 노후를 보내는 사람도 많다. 우리는 정녕, 미래를 고민하고 싶지 않은 건 아닐까. '행복하게 오래오래 잘살기' 위해서는 경제적 준비만이 아니라 마음의 준비, 관계 변화에 대비, 가치관의 재정립, 건강한 습관 형성 등 다각도로 미래를 대비해야 한다.

미래는 사실 입체적이지 않다. 사람은 미래를 상상할 때 무의식적으로 '지금의 나'를 기준으로 삼는다. 그래서 '나이 들어도 지금처럼 생각/행동할 거야', '이 친구들이랑 계속 친하게 지내겠지'라고 기대한다. 하지만 실제로는 인지 능력, 가치관, 관계, 환경 등이 변한다. 그 변화는 아무도 예상하지 못할 때가 많다.

닥치지 않은 미래를 막연하게 이야기기한다면 뜬구름 잡는 일 같을 수 있다. 하지만 친구들과 노화에 관해 이야기를 나누는 행위만으로도 도움이 된다. 이를테면, '우리가 60대가 되었을 때 어떤 모습일까?'와 같은 질문은 그저 상상력이 풍부하다기보다는 시간을 입체적으로 인식하는 연습이다. 물론 비슷비슷한 사람끼리 이야기하면 1 더하기 1로 내용의 반경이 커지지 않고 그저 돌림노래처럼 될 가능성도 있다.

그래도 살아가고 싶은 삶의 방향성이라든가, 자신이 소중하게 여기고 우선순위를 부여하는 가치들, 그 가치를 구현하기 위한 생활 속 실천 등 미래를 예상하면서 자연스럽게 삶의 방향을 점검할 수 있다.

친구들 또는 인생 선배들과 얘기를 나눠도 좋고, 아니면 혼자서도 질문하고 대답을 떠올려 봐도 괜찮다. 나이 든 가족을 보거나 주변 사람들을 보면서 자신은 어떻게 나이 들지 질문해 보자. 무엇을 본받고 싶고 무엇을 바꾸고 싶은가?

애쓰고 있는 나에게 건네는 솔직한 말

애쓰고 있는 자신에게 솔직해지는 연습을 해 보는 공간입니다. 떠오르는 생각이나 감정을 편하게 적어 보세요. 완벽할 필요는 없습니다.

Q. 내가 하는 말엔 나의 어떤 마음이 담겨 있을까요?

Q. 주변 사람들에게 괜찮은 척하는 이유

Q. 한 번쯤은 '내가 금수저로 태어났다면?'이라고 상상한 적 있나요?

Q. '해야 한다'는 부담 때문에 힘들었던 순간이 있나요?

Q. 이러지도 저러지도 못해서 힘들었던 순간

Q. 마음의 여유가 없거나 지쳤을 때 하는 나만의 루틴이 있나요?

Q. 선택지가 많을 때 vs. 선택지가 없을 때

Q. 선택하는 게 어려울 때 보통 어떤 방법으로 결정하나요?

Q. 어떤 사람으로 나이 들고 싶은가요?

3장

왜 이 사람은 편한데
저 사람은 불편할까

괜찮은 인간관계 만들기

서른 이후,
관계가 달라지기 시작했다

서른 즈음에 다시 재정립되는 친구의 기준은
'진정성'이라는 말로 집약된다.

현우 씨는 최근에 오래된 친구한테 마음이 상한 일이 있었다. 준비하던 사업이 운 좋게 잘 풀렸다고 얘기했을 때 친구가 묘하게 깎아내린다는 느낌을 받았다. 함께 기뻐할 줄 알았는데 섭섭했다. 속으론 '어, 얘가 왜 이러지?' 싶었지만 딱히 말하기도 그래서 그냥 넘어갔다. 나중에도 한 번씩 생각났지만 별거 아니라고 스스로 정리했다.

그런데도 마음 한 구석에 찝찝하게 남아 솔직하게 이야기하고 풀어야 하나 고민도 되었다. 그렇지만 괜히 긁어 부스럼이 아닐까 싶었고, 막상 시간이 흘러서 이야기할 기회를 놓치고 나니 말을 꺼내기가 쉽지 않다. 친구와 그토록 친하다고 믿었는데 상대는 나만큼은 아니었던가 싶다.

현우 씨의 사연은 특히 서른 전후의 청년들로부터 자주 듣는 이야기다. 관계의 틀이 변화하는 시기이기 때문이다. 기존에 맺은 인간관계는 빈도와 강도에서 연결의 끈이 약해진다.

예전을 돌아보면, 열댓 살의 우리는 누구와도 쉽게 친구가 되었다. 같은 수업을 듣고, 같은 시험을 준비하고, 같은 시간에 밥을 먹으면서 자연스럽게 관계를 맺었다. 친구를 만드는 데 특별한 노력이 필요하지 않았다. 그냥 좋아하는 친구, 싫어하는 친구가 있었을 뿐이다. 그 시절 우리의 인간관계는 환경이 만든 선물이었고, 그 안에서 우리는 비교적 쉽게 소속감을 얻었다.

더 많아졌지만
더 나아지진 않았다

서른 즈음의 인간관계는 양이 엄청 늘어나지만 그렇다고 질이 더 좋아진 느낌은 아니다. 아는 사람들은 늘어난다. 연락하거나 협업해야 할 일이 많기 때문이다. 책상 안에 명함은 많아지고, 핸드폰의 전화번호 목록은 끝도 없이 길어진다. 그런데 친구 범주에 들어가는 사람, 정서적 안정을 주는 사람은 자연스럽게 줄어든다.

명함을 주고받은 관계는 친구라기보다는 우호적인 자원이다. 해를 끼치거나 폐가 되지 않되, 필요하면 먼저 도움을 청할 수 있는 사이. 물론 그런 다음에 상대에게도 나 역시 도움을 줘야 한다. 그렇게 쌓아가는 관계는 인맥이며 자원이다. 그러한 인간관계를 쌓아가다 보면 순수한 친구 관계에 목 말라진다. 하긴, 친구 관계에서도 변화가 생기니까 순수한 관계는 도대체 무엇인지 고민도 한다.

친구 관계를 다시 생각하는 계기로 서른 즈음에 친구를 만날 시간과 에너지에 제약도 빼놓을 수 없다. 연애, 결혼, 육아와 같은 새로운 삶의 국면 때문에, 혹은 직장과 일에 투여하는 시간 때문에 친구 관계에 사용할 시간과 에너지는 줄어들었다. 심지어 삶의 단계가 사람마다 똑같지가 않다. 누구는 미혼, 누구는 기혼, 어떤 친구는 지방에 내려갔고, 다른 친구는 해외에 있다. 그렇다면 선택과 집중이다. 더더욱, 양보다는 질에 집중하게 된다.

새롭게 재정립되는 인간관계

서른 즈음에 다시 재정립되는 친구의 기준은 진정성이라는 말로 집약된다.

'이 사람을 만나고 되돌아보면 그 시간이 흐뭇한가?'
'내 이야기를 안심하고 할 수 있나?'
'편안한 관계인가?'

심리학자 로빈 던바는 사람이 평균적으로 다섯 명 내외의 가장 가까운 관계를 유지하고, 열다섯 명 정도가 의미 있는 친구 범주에 든다고 했다. 서른 이후에는 그 숫자가 더 줄어드는 경향이 나타나는데, 이는 자연스러운 결과다.

혹시 열다섯 명보다 훨씬 적은가? 혼자서 편한 삶도 아무 문제가 없다. 만약, 그러한 선택이 '차라리'일 때는 한번쯤 진지하게 인간관계를 생각해 봐야 한다. 그게 아니라면 줄어든 친구들을 보면서 너무 쉽게 스스로에게 문제라고 낙인 찍지 않길 바란다. 회피처럼 느껴지더라도 당신은 사교성이 부족한 사람이라거나 마음의 문이 닫힌 사람이 아니라, 변화하는 인간관계의 시작점에 선 사람일 뿐이다. 그러니 변화의 기류를 감지했을 때 이것을 너무 빨리 성격의 문제라고 결론 짓지 말자.

특히 서른은 그 어느 때보다도 '자기 인식'이 높아지는 시기다. 이전에는 주변의 요구(부모님, 학교, 주변 어른들, 친구들)에 자신을 맞추려고 주로 노력했다면, 이제는 자신이 원하는 바는 무엇인지 자신이 걸어가고 싶은 길은 무엇인지 훨씬 더 또렷이 알게 되었다. 그래서 내가 좋아하는 것과 싫어하는 것을 섬세하게 지각하게 된다. 내가 어떤 상황에서 불편한지, 어떤 사람과 있으면 감정이 상하거나 혹은 행복한지 더 잘 느끼게 된다.

그 결과, 친구 관계를 고려할 때 상대방이 나에게 맞는 사람인지를 따지기 시작한다. 단순히 재미있거나 좋아 보인다고 다 받아들이는 게 아니라, 나의 감정과 가치에 맞는 사람을 소중한 관계 안으로 들이고자 한다. 맞지 않으면 만나고 나서 에너지가 소모되니 그보다는 편안함 혹은 채워짐이 있는 만남을 지향한다. 그래서 많은 사람보다는 마음이 맞는 사람, 양보다는 질이 된다.

어른이 된 뒤에는 인간관계가 여러 층위로 펼쳐지면서 사회적 연결망이 재구성된다. 이전의 관계가 자연스럽게 약해지고 때론 소멸되지만 새로운 관계도 만들어진다. 가치관과 관심사에서 공감대를 발견하며 더 가까워지기도 한다. 사람도 변화하고 관계도 변화하는데, 중요한 사실은 자신의 인간적 매력 또는 인간력(人間力)이다. 각자가 지닌 고유한 자기 가치를 분명하게 찾아갈 때, 친구 사이도 더 깊어진다.

관계의 틈에서
나를 찾는 법

분노가 내면으로 향하면 우울함 때문에 휘청거리고,
외부로 향하면 관계의 역동에 휘둘리게 된다.

만약 다른 사람과의 관계에서 마음에 걸림돌이 생겨 섭섭함이 든다면 어떻게 해야 할까? 어떤 사람은 고장 난 테이프처럼 계속 섭섭한 관계를 고착화한다. 친구 관계, 연인 관계, 동료 관계에서 섭섭함이 없을 수 있을까? 실망했거나 섭섭할 때 우리는 뒤로 물러난다. 주로 마음으로만 물러나고 실제로는 괜찮은 척 웃고 있을 때가 많다. 풀지 못했으니 마음이 더 떠나지 못하고 묶인다.

섭섭함에 너무 오래 머무르지는 말자. 그 감정은 괜히 혼자 증폭할 만큼의 의미는 없다. 오래 머물거나 증폭시키면, 마음

속의 분노 때문에 쉽게 휘둘린다. 분노가 내면으로 향하면 우울함 때문에 휘청거리고, 외부로 향하면 관계의 역동에 휘둘리게 된다. 놀랍게도, 두 사람의 관계에서 한쪽이 상대방이 원하는 무언가를 주지 않으면 그 사람은 상대를 더 많이 통제할 수 있게 된다. 연인 관계에서는 말할 것도 없고 친구 관계, 부모 자식 관계, 연락을 주고받는 지인 관계 등 대부분의 관계가 그렇다. 그러니 섭섭함을 많이 느낄수록 약자가 될 수밖에 없다.

혼자일 때 단단한 사람이
함께일 때 더 빛난다

관계를 잘 지켜나가고 싶다면 자기 혼자만의 시간과 생활이 강해져야 한다. 감정은 커졌다 작아지기를 반복하는데, 상대방이 나와의 관계에 쏟는 시간과 에너지가 적다고 느끼면, 나 역시도 혼자만의 시간 비율을 높이면서 뒤로 한 발 물러나야 한다. 자기 계발에 힘쓰고, 운동도 하고, 좋은 글도 읽고, 음악도 들으면서 말이다.

그렇게 여백이 생긴 관계라면, 만났을 때 부담 없이 즐겁다. 더불어 각자의 위치에서 자신의 전문 영역을 깊이 파고 든다면 누구라도 매력 있게 볼 것이다. 혼자 있는 시간을 늘리는 방법은 다음과 같다.

첫째, 아예 혼자 있는 시간을 '일정'에 넣는다. 계획 없이 혼자 있다 보면 그 시간은 그냥 스마트폰이나 보는 시간이 된다. 그렇지만 일정에 아예 '혼자 시간 보내기'라고 넣는다면, 본격적으로 혼자서 뭔가를 할 수 있다.

기왕이면 이 시간이 나 자신과 연결되는 시간이라고 거창하게 의미를 부여하자. 혼자 하는 의미 있는 활동, 원하는 활동을 하자. 예를 들어 도서관에 간다든가, 주제를 정하고 글을 쓴다든가, 테마를 정해서 혼자 여행을 한다든가, 새로운 취미를 시작해 본다.

사족이지만 나는 혼자 보내는 시간이 많았던 편이다. 그래서 혼자서 뭔가를 할 때 불편하지 않았다. 혼자서 식사하는 '혼밥'이라는 말이 유행하지 않았던 시절에 혼자 패밀리 레스토랑도 다녔다. 어느 패밀리 레스토랑에 내가 좋아한 메뉴가 있었는데, 20대에는 친구들과 먹었지만, 30대 초반에는 친구들도 나도 각자 일하다 보니, 약속을 잡기가 어려웠다. 어느 날 내가 좋아하던 '몽테 크리스토 샌드위치'가 정말 먹고 싶었다. 그래서 그냥 혼자 갔다. 자리로 안내하는 사람이 "몇 분이십니까?"라고 물었을 때 "저 혼자요"라고 대답했더니 놀라서 표정 관리를 못하던 일이 기억난다. 그래도 그냥 맛있게 먹고 나왔다. 이후에 혼밥이 유행하면서 나도 훨씬 편해졌다. 고깃집이나 한식당에 가서 꼭 먹고 싶은 음식이 있다면, "혼자인데 2인분 주문할게요"라고 말하면 주인도 나도 기분 좋게 편안해진다.

  나는 사실 혼자라서 외롭단 생각을 별로 안 해봤다. 외롭다는 느낌은 혼자일 때보다 뭔가를 하고 있는데 이해 받지 못한다거나 소속되지 않는다는 느낌이 들 때 더 강렬했다. 한편으로 '외로움'은 그냥 인간으로서 가질 수 있는 기본 값 같은 감정이라 생각한다.

  어쨌거나 '혼자 = 외로움'이라는 등식을 가지지는 말자. 외로움은 한쪽에 떼어 놓고, '혼자 = 자율 시간!'으로 써 보자. 내가 원하는 바를 원하는 속도로 원하는 만큼 할 수 있는 시간이다. 그 시간에 '감정'에 집중하지 말고, 자신의 '선택'에 집중하자. 재미날 것이다. 의외로 아주 많이 말이다.

  둘째, 그래도 외롭다는 감정에 압도 당한다고 느껴졌다면, 아예 그 감정을 더 깊이 파고들어 마주하자. 머릿속으로 생각만 하면 감정의 크기만 더 커질 뿐이다. 구체적으로 마주하도록 손으로 뭔가를 해 보자. 아날로그 방식으로 한다면, 공책과 필기구를 준비해서 나만의 노트를 작성해 본다. 오늘 느꼈던 것, 나의 감정, 내가 생각하는 이유, 내가 원하는 것 등 감정에 이름을 붙여 보기도 하고 색깔로 표현해 보기도 한다. 그러면 조금 더 내 감정의 실체에 접근할 수 있다.

감정을 구체적으로 묘사하고 기술하면 감정이 객체화된다. 감정에 휩쓸리지 않고 감정을 다룰 수 있는 힘을 키우는 매우 강력한 방법이다. 이것은 자기 효능감, 정서 조절력, 자기 인식을 높이는 기반이 되며, 미술치료와 심리치료에서 중요성을 인정 받고 있다.

예를 들어, "오늘의 내 외로움은 회색 안개처럼 퍼져 있었고, 그 안에 붉은 점들이 불쑥불쑥 튀어나오곤 했어"라고 표현하고 그림도 그리면 된다. 이렇게 감정을 시각화하고 스스로 볼 수 있게 만들면, 그 과정에서 감정에 실린 열기가 표출되며 한풀 꺾이고 감정의 무게가 줄어든다.

덧붙여서, 해결책 같은 이야기나 이미지를 상상해 보자. 앞의 예와 같은 경우라면, 안개가 걷히는 따뜻한 오후의 햇살을 떠올린다든가 아니면 산꼭대기에서 운무를 내려다보는 자신을 상상할 수 있다. 어쨌거나 막연히 '나는 외롭다, 외로워'라는 감정만 키우기보다는 그 감정을 묘사함으로써 구체화하는 작업은 감정을 다루는 힘을 키워 줄 것이다.

약이 되는 관계와
독이 되는 관계

내 에너지와 관심을 중요한 관계로 이동시키자.
독이 되는 관계가 가장자리로 밀려나도록.

요즘 '반박 시 무조건 네 말이 맞음'이라는 말이 유행이다. 오죽 인터넷 공간에서 싸움이 잦으면 저런 말까지 쓸까 싶다. 별 의미 없는 싸움이라면 당연히 피하면 좋다. 싸움에도 의미 있는 경우가 있을 텐데, 싸워서 의미도 없고 재미도 없고 피곤하기만 하다면 독이다.

단순하게 말하자면 좋은 인간관계는 함께 있어서 행복한 관계다. 빈틈없이 완벽한 관계란 없으니, 간혹 갈등이 있거나 맞지 않는 부분이 있더라도, 큰 틀에서 봤을 때 행복한 관계면 좋은 사이다. 이 관계에서는 서로를 소모시키는 게 아니라 서로의 성장과 안녕을 빌어 준다. 같이 있어서 함께 웃는 시간이 더 많고 공유하는 좋은 추억도 지속적으로 쌓인다.

나를 믿고 존중하는 사람과 나의 에너지를 빼앗는 사람

좋은 관계는 기본적으로 서로를 존중하는 관계다. 나이 차이가 있거나 역할에서 서로 동등하지 않다 하더라도 상대를 인간적으로 대우하며 존중한다. 스승과 제자, 선배와 후배, 직장상사와 부하직원, 동료 사이, 어느 관계에서라도 서로를 존중한다면 서로에게 좋은 인간관계다.

그다음 좋은 인간관계는 믿을 수 있는 관계인 경우다. 자주 만나거나 즐겁게 어울리는 사이가 아니더라도 신뢰할 수 있고 믿음직한 느낌을 주고받는다면 충분히 좋다.

번외로, 결과적으로 좋은 영향을 미치는 관계도 있다. 이 경우는 '좋은 관계의 스핀오프'인 셈이다. 나를 힘들게 하는 사람인데 그 사람 덕분에 내가 새로운 돌파구를 열게 된다면 결과적으로 좋은 관계다. 대신 조건이 하나 있는데, 감정적으로 얽혀서 힘들기보다는 일 자체로 힘들게 하는 경우라야 한다. 만약 감정도 같이 얽힌다면 관계가 안 좋게 끝난다.

　인생의 가장 힘든 순간에 만난 사람이 역설적으로 소위 '귀인'일 수 있음은 삶의 색다른 묘미이기도 하다. 또한 힘들게 하는 사람 덕분에 결과적으로는 인생에 더 좋은 길을 뚫었다는 사연을 한번씩 접한다.

　막혔다고 느껴질 때 사람들은 의외의 장소에서 돌파구를 찾아낸다. 하늘이 무너져도 솟아날 구멍은 있다고 하지 않던가. 나를 지지해 주는 사람 덕분에 행복을 느끼지만, 나를 힘들게 하는 사람 때문에 발전하기도 하는 게 인생이다.

　그렇다면 어떤 관계가 나에게 독이 될까? 사람마다 맞지 않는 사람은 존재한다. 일단 맞지 않는 관계라면 같이 있을 때 힘이 빠진다. 이유를 설명하기는 어려운데 이상하게 에너지가 소모되는 느낌이다. 함께 있는 자체만으로도 기운이 빠지면 그 관계는 독이 되는 관계다. 상대방은 이 사람에게 '에너지 뱀파이어'인 셈이다.

　만나고 나서 마음이 무거워지는 관계도 있다. 인사하고 헤어졌는데도 머릿속에서 윙윙 남아 있으면서 찐득하게 걱정되고 마음이 무거워진다면, 그런 관계도 썩 바람직하지는 않다.

그 외에, 미묘하게 상대를 깎아내리거나 경쟁하려 들고 질투하는 관계라거나, 자신이 필요할 때만 연락해서 하소연이나 불평과 뒷담화 등 부정적 얘기만 하는 관계, 무례한 말을 아무렇지 않게 한다면 독이 되는 인간관계다.

그 사람과
살짝 거리를 두는 방법

문제는 그런 관계가 가족이라거나 직장 내의 사람이라거나 오래 알고 지낸 사람일 때, 쉽게 끊어내지 못한다는 점이다. 그렇다면 관계를 끊는 대신 할 수 있는 방법을 추천한다.

우선은 거리를 둔다. 만나는 횟수나 연락하는 시간을 줄인다. 전화를 받더라도 끝까지 듣지 않고 중간에 일이 있으니 지금 가 봐야겠다고 말하며 끊을 수 있다. 그다음, 상대방에 대한 내 기대가 무엇이었나 생각해 보고 기대를 바꾸거나 내려놓는다. 마지막으로 내 에너지와 관심을 중요한 사람, 의미 있는 관계로 이동시킨다. 독이 되는 관계가 가장자리로 밀려날 때까지 말이다.

말의 속뜻이 다른 경우도 애매하게 보이지만 독이 되는 관계라 할 수 있다. 겉으로 주고받는 메시지와 그 이면에 흐르는 메시지가 상당히 차이 나는 관계는 서로에게 피곤하다. 심리학자 에릭 번은 사람들이 주고받는 대화는 이면에 흐르는 메시지가 있다고 했다. 이를테면 이렇다.

선생님: 지각이 이번이 몇 번째야?
학생: 다섯 번째입니다.

그런데 이 대화의 느낌과 분위기에 따라서 대화의 이면에 흐른 메시지는 이러하다.

선생님: 도대체 왜 자꾸 지각하는 거야? 학생이 이렇게 불성실해도 돼?
학생: 늦든 말든 그건 제가 알아서 할 일이에요. 그냥 지각 처리하면 되잖아요.

상대방이 나에게 소중한 사람이라면, 이면적 교류에서 전혀 다른 메시지가 오고간다면 바람직하지 않다. 표면적 대화에서도 좀 더 속마음을 전달하고 주고받으려는 노력이 필요하다.

나를 갉아먹는
나르시시스트에게 거리 두기

나르시시스트 옆에서 지치는 이유는
항상 상대 중심으로 끌려가기 때문이다.

사회생활을 하며 만나는 다양한 인간 군상 중에는 자기애 성향이 강한 사람들이 있다. 이러한 나르시시스트와 함께 일하거나 관계를 유지해야 할 때면, 주변 사람들은 극심한 피로감과 감정적 소진, 더 나아가 인간관계에 회의와 자기 자신에게 의심을 품게 된다. 그렇다고 무조건 도망칠 수도 없고, 어떻게든 잘 견디면서 내 삶을 유지해야 한다.

나르시시스트는 과연 어떤 사람일까? 그리스 신화의 나르키소스를 생각하면 나르시시스트는 단순히 자기를 사랑하는 사람처럼 보인다. 하지만 아니다. 이들은 과도한 자기중심성과 공감 결핍을 활용해 타인을 조종하는 경향까지 보인다.

직장에서
나를 괴롭히는 나르시시스트

신희 씨는 대학을 졸업하고 직장생활을 몇 년 동안 하다가 임상심리 대학원으로 진학했다. 이후 대학원 과정을 마치고 대학병원에서 임상심리사로 수련을 시작했다. 시간이 흐르면서 자신의 담당 교수가 나르시시스트임을 느끼게 되었는데, 이 사람 밑에서 수련을 받는 시간이 보통 힘든 일이 아니었다.

교수는 정신건강의학과 교수였고, 자기 밑의 수련생들이 하녀나 노예쯤 된다고 여기는 인물이었다. 주말이면 수련생을 불러내서 백화점 쇼핑을 함께 다니라고 강요했다. 신희 씨도 불려 나가서 교수의 기분 맞추며 쇼핑백을 들고 백화점을 따라 다녔다. 교수는 자기 업적에 대한 욕심도 많아서 수련생들에게 책을 번역해라, 책을 쓸 테니 자료 조사를 하고 원고를 써서 가져오라고 했다. 항상 자기 이름을 앞세워 대표 저자로 넣었다.

교수는 비판에 예민해서 병원에서 무슨 문제가 생기기라도 하면 극도로 스트레스를 받았다. 그런 날이면 수련생들도 교수의 눈치를 보며 비위를 맞추느라 죽을 맛이었다.

민경 씨도 요즘 회사를 그만두고 싶다는 생각을 자주 한다. 입사 6년 차, 그를 지치게 하는 사람은 팀장이다. 팀장은 유능하고 말도 세련되게 한다. 팀장이 민경 씨의 아이디어에 감탄하고 회식 자리에서 '내가 제일 믿는 사람'이라 말했을 때 민경 씨는 더없이 자랑스럽고 뿌듯했다. 하지만 그런 관계는 오래 가지 않았다.

민경 씨의 아이디어는 종종 팀장이 도와줘서 가능했던 일이라고 소개되었고, 어쩌다 실수를 하면 꼭 다른 팀원들 앞에서 팀장이 민경 씨를 지적하며 "이래서 아직 멀었다"라고 말하곤 했다. 그런데 말투는 항상 부드럽고 예의 있었다.

어느 날, 팀장이 "민경 씨는 감정 기복이 있어 보여요. 저한테 감정 있는 거 같잖아요. 아닌가요?"라고 물었다. 민경 씨 스스로도 의심이 들었다. 한편으로는 자신이 너무 예민한지, 피해의식이 있는지 고민도 되었다. 민경 씨는 팀장에게 휘둘리지 말자고 스스로 다짐했다. 상대의 언행에 감정적으로 반응하지 않기로 하면서, 되도록 회사 내의 관계를 '업무 중심'으로만 가져가자고 다짐했다.

나르시시스트를
나에게서 떨어뜨리는 법

나르시시스트들은 공감 능력이 낮고 관계에서 우위를 점하려고 하며 종종 상대방을 가스라이팅한다. 이런 사람을 회사에서 만난다면, 그 사람은 팀 프로젝트를 할 때 본인의 아이디어만 강조하거나, 팀원의 공로는 본인이 가져가며 실패는 타인 탓으로 돌릴 확률이 높다. 나르시시스트가 상사일 경우에는 괜히 회의 시간에 피드백을 했다가 '네가 감히 날 무시하네?'와 같은 감정적 반응을 만나기도 한다.

다른 직장으로 당장 떠날 생각이 아니라면, 나르시시스트로부터 스스로를 지키는 심리 기술이 필요하다. 무엇보다 거리를 띄우자. 마음에서 거리를 갖자. 물리적 거리보다 중요한 것은 마음의 거리다. 나르시시스트가 당신을 긁을 때, 마음으로 외치자.

'이 사람은 남이다. 다행히 내 가족은 아니야.'

'이 사람의 말이 꼭 진실은 아니야. 나를 흔들고 싶어서 하는 말일 거야.'

둘째, 감정 중심보다는 사실 중심으로 대화하자. 어차피 그들의 말투는 무시하는 말투다. 빈정거리며 교묘하게 무시할 가능성이 높다. 감정에 반응하면 무조건 당신은 진다. 나르시시스트들은 냉소적이고 파괴적인 감정의 요리사이기 때문이다. 그러니 이렇게 말해 보자.

"아, 네. 그러면 정확히 어떤 점을 수정하길 원하시나요?"

셋째, 나르시시스트들 중에는 가스라이팅도 잘하는 사람들이 많다. 가스라이팅과 나르시시즘 사이에는 꽤 겹치는 영역이 많다. 그런데 모든 가스라이팅하는 사람이 나르시시스트는 아니고, 나르시시스트라고 해서 전부 가스라이팅을 하는 것도 아니다.

구분하자면 가스라이팅은 '행동 방식'이고, 나르시시즘은 '성격 구조'다. 물론 나르시시스트가 종종 가스라이팅을 한다. 자기 잘못을 인정하지 않기 위해서, 다른 사람을 통제하고 관계에서 우위를 점하기 위해서 이런 말을 자주 한다.

"다 너 잘되라고 하는 말이야."
"그렇게 느꼈다면 그건 네 문제지."
"내 말은 그 뜻이 아니라니까?"

이런 심리적 함정에 빠지지 말자. 차라리 이렇게 말해 보자.

"지금은 제 기분이 중요해요."
"저는 그렇게 느꼈어요. 그 감정을 무시하지 않으려고 해요."

나르시시스트 옆에서 지치는 이유는 항상 상대 중심으로 끌려가기 때문이다. 끌려가면서 감정도 질질 끌려가니까 소진되고 피로해진다. 일 때문에 어쩔 수 없이 엮였다면, 관계를 최대한 업무 중심으로 국한시키고 선을 넘지 않는 범위를 잘 지켜 나가자.

직장에서 상대에게 꼭 인정을 받아야 하거나, 감정적으로 친밀해지고 싶다는 마음이 있을 때는 건강한 거리를 가지기가 어렵다. 업무 중심으로 생각하면 기능적인 거리감을 만들기 조금 더 수월해진다. 그래도 마음이 너무 힘들다면, 회사를 그만두는 편도 생각해 보자. 내 지금 마음 상태가 가장 중요하다.

부모와의 관계를
다시 배우는 시간

진짜 독립은, 심리적 독립과 정서적 연결 사이에서
새로운 균형을 찾는 과정에서 시작된다.

우리는 부모와의 관계를 생각보다 일찍 배운다. 말로 배우기 전에 분위기로 먼저 익히고, 침묵 속에서도 해석하고, 조금 더 자라면서는 '의무'라는 이름 아래 익숙해진다. 어린 시절의 누구라도 부모의 기분을 모를 수 없었을 것이다. '엄마 기분이 지금 안 좋구나' 또는 '부모님이 싸우셨네' 정도를 눈치채는 일은 어렵지 않다. 그러다 보니 부모님의 기분을 맞추는 일도 어렵지 않게 하면서 자란다. 물론 그렇지 않은 사람도 있다. 삶은 참 다양하다.

'나는 지금, 부모와 어떤 관계를 맺고 있을까?'

어떤 사람은 물리적인 독립은 마침내 이뤄졌지만, 정서적인 독립은 아직 애매하다. 또는 경제적으로 아직 부모에게 의존해서 정서적으로 적당한 거리를 찾기가 어려운 사람도 있다. 그럴 때는 부모가 원하는 내 모습과 내가 살고 싶은 나 사이에서 갈팡질팡하고, 때로는 너무 멀어졌다가 때로 지나치게 붙기도 한다.

어른이 되어도
부모의 그늘 아래 있는 사람들

상담을 하다 보면, 어떤 문제를 가져왔든 중요한 순간에는 부모와의 관계가 핵심이 되곤 한다. 이미 부모님이 돌아가신 경우도 예외가 아니다. 부모와의 관계는 우리가 세상과 처음 맺은 관계인 탓에 오래도록 인생에 영향을 미친다. 다른 사람과의 관계에서도 기출 변형으로 반복된다. 그러니 서른 즈음에 부모와의 관계를 돌아보자. 아니, 다시 배운다고 해도 좋겠다.

여기 두 사람의 이야기를 들어 보자.

민혜 씨의 가장 큰 고민 중 하나는 독립이었다.

"부모님 집에서 살다 보니 제 방이 있지만 뭐랄까요, 나만의 공간이 없어요. 내가 무슨 생각을 하든, 어머니가 늘 간섭하세요. 그러면 독립하면 되지 않느냐고요? 사실은 한 번 독립해서 나갔다가 월세랑 이런저런 생활비가 감당이 안 되어서 다시 들어왔어요. 그러다 보니 더 위축되는 듯해요."

분가해서 살고 있는 아랑 씨도 고민이 많다. 아랑 씨는 몇 년째 부모님과 같은 동네에서 살고 있다. 부모님이 딸과 가까이 살기를 원했고, 아랑 씨도 낯선 동네보다는 살던 동네가 좋아서 그렇게 결정했다. 문제는 그 이후부터였다.

"아랑아, 오늘 엄마 좀 보자."
"엄마가 김치랑 반찬이랑 했는데 가져 가. 아님 엄마가 가져다 줄까?"
"갑자기 핸드폰에 무슨 문제가 생겼어. 집에 와서 좀 봐 줄 수 있어?"

어느 순간부터 아랑 씨는 자기 시간이 없다고 느끼기 시작했다. 주말이면 늘 부모님과 시간을 보내고, 주중에도 종종 집에 가거나 엄마가 아랑 씨 집에 들렀다. 그러다 보니 자신의 생활에 대해서도 부모님이 상세히 알게 되었다. 이직을 고민했을 때에도 부모님이 요즘 같은 세상에 왜 그런 불안정한 데로 가냐며 말려서 이직을 쉽게 포기하고 말았다.

어떤 날은 자신이 부모님 눈치를 너무 보나 싶어서 답답하고 화가 나다가, 이내 '그래도 내 부모님인데', '나를 위해서 얼마나 고생하셨는데…'라는 생각에 그치고 말았다. 결국 아랑 씨는 부모님과 여전히 자주 만난다. 그런데 요즘은 그 만남이 편하거나 기쁘지 않고, 오히려 피곤하다 싶을 때가 많다. 사랑도 있고 애착도 있는데, 진심은 점점 사라진다.

캥거루족 민혜 씨도, 독립한 아랑 씨도 부모님의 심기를 살피는 효녀다. 우리나라 문화에서 부모의 뜻을 거스르는 선택은 쉽지 않다. 그것은 마치 도덕적 자격을 잃는 일처럼 여겨진다. 그러다 보니 부모님과 나를 따로 생각하는 심리적 거리 두기는 불효라는 죄책감을 동반한다. 죄책감은 강력한 감정이라, 많은 사람들이 그 감정을 견디지 못하고 자신의 삶을 유보

하거나 희생한다. 그 결과, 관계성만 남고 자율성은 사라진다. 그 상태에서는 치러야 할 감정의 값이 있다. 답답하거나 화가 나거나 무기력해지거나 하는 감정이 그것이다.

혹시 부모가 서운해할까 봐 나의 선택을 포기한 경험이 있는가? 부모의 기대와 나의 바람이 같을 수 없는데, 도대체 나답게 산다는 건 무엇일까? 어린 시절 우리는 부모와의 관계를 생존의 기반으로 받아들인다. 하지만 성인이 되고 그 관계가 그대로 유지될 필요는 없다. 오히려 진짜 독립은 심리적 독립과 정서적 연결 사이에서 새로운 균형을 찾는 과정에서 시작된다.

죄책감 없이 거리를 띄우고
의무감 없이 가까워지기

부모 자식 관계에서 독립은 이 관계가 끝난다는 의미가 아니다. 오히려 진짜 관계를 시작한다고 봐야 한다. 대부분 자녀 쪽에서 독립을 원한다. 부모는 아마도 경제적으로는 자식이 독립하기를 기대하지만, 정서적으로는 예속되어 주길 바랄 터이다(물론 정서적으로도 독립하길 바라는 부모도 있다).

심리학자 에드워드 데시와 리처드 라이언이 제안한 '자기결정이론'은 스스로 결정할 수 있어야 삶의 의미와 재미가 있다는 얘기를 건넨다. 이 이론에서 사람은 기본적인 세 가지 욕구를 이야기한다. 바로 자율성, 유능성, 관계성이다.

그중 첫 번째가 자율성이다. 사람은 누구나 자신의 뜻에 따라 살고 싶어 한다. 이것은 불효나 불충이 아니다. 기본적인 욕구다. 자신이 삶의 주체가 되고 싶은 욕구가 충족될 때, 유능성도 발휘되고 관계성도 추구할 수 있다. 만약 부모의 뜻과 자기 선택이 다르다면 자신의 선택을 따라도 괜찮다. 인류는 그렇게 살아왔다. '자식 이기는 부모 없다'라는 말이 괜히 나왔겠는가.

내 마음은 나의 책임이고, 부모의 감정은 부모의 몫이다. 뒤섞어서 생각하지 말자. 우리나라 식탁에서 커다란 찌개 하나를 두고 함께 먹는 문화가 있다고 해서, 감정조차 그렇게 다 같이 섞을 필요는 없다. 감정은 김치찌개가 아니다.

만약 부모님을 걱정해서가 아니라 내가 느끼는 죄책감이 싫어서 자신의 자율성을 포기한다면, 이것은 너무 과한 걱정이다. 죄송한 마음이 드는 정도라면 모르겠지만, 죄책감이 든다면 과잉이다. 심리학에서는 그것을 '역기능적 죄책감'이라 부른다. 역기능적 죄책감의 다른 이름은 '죄책감 복합', '죄책감 콤플렉스'다. 책임감을 과도하게 느끼면서 자신의 잘못이라 생각하는 상태다. 그러면서 '이렇게 했어야 하는데', '그렇게 하면 안 되었는데'라고 끊임없이 스스로를 질책한다. 결국 자신을 갉아먹는 감정만 남을 뿐이다.

결혼 적령기가
진짜 따로 있을까?

사랑하는 관계는
가 보지 않은 길을 떠나는 여행과도 비슷하다.

　요즘은 그런 경우가 별로 없는데, 몇 년 전까지만 해도 상담을 받으러 온 사람들 중에 자신이 결혼을 결심한 이유는 '집에서 탈출하고 싶어서'라고 말하는 사람들이 있었다. '늑대 소굴을 나와서 범의 아가리로 들어갔다'라는 옛말이 떠오른다. 연애할 때는 잘 보이지 않지만 결혼을 떠올릴 때 미리 한번쯤 생각해 볼 주제를 나누고자 한다.

　우선 결혼은 그렇게까지 '대단한 무언가'가 아니다. 삶은 무한한 과정의 연속이라서, 한 지점을 목표로 생각하고 도달하면 그 이후로 매우 허망해진다. 예를 들어, 명문대 입학만을 생각하고 몇 년 동안 달려온 수험생이 해당 대학에 입학한 뒤 사는 게 재미없어지거나 뭘 해야 할지 갈피를 잡지 못함과 비슷하다. 다수의 동화가 '이후로 두 사람은 행복하게 살았습니다'라는 한 문장으로 마무리되지만, 사실 결혼은 그렇지 않다. 오히려, 동화가 끝나고 현실의 드라마가 시작된다.

사랑은 사람마다 색깔이 다르다

심리학에서 사랑을 설명하는 대표적인 이론으로 로버트 스턴버그의 사랑의 '삼각형 이론'이 있다. 사랑을 이루는 세 가지 요소는 열정, 친밀감, 책임감이다.

열정은 강렬한 감정과 성적인 끌림, 낭만적인 욕구 등으로 드러난다. 뜨겁고 강렬한 사랑은 열정이 두드러진 상태다. 친밀감은 두 사람 사이에서 다져진 관계의 깊이만큼 서로 정서적인 유대감을 형성하고, 신뢰와 애정을 나누는 걸 의미한다. 친밀감이 깊어지면 더 이상 상대방은 남이 아니다. 책임감은 이 관계를 지속하기 위해 관계를 지키고 유지하고자 하는 의지이며 노력이다. 이와 같은 세 요소 중에서 어떤 요소가 더 비중이 높은지에 따라 사랑은 다양한 형태로 나타날 수 있다.

 예를 들어, 친밀감과 책임감이 주가 되는 관계는 우정 같은 관계다. 책임감보다는 열정이 주가 되고 친밀감이 더해진다면 로맨틱한 사랑이다. 세 가지 요소가 고루 비중 있게 포함된다면 이상적이라고 하지만, 사람마다 더 좋아하는 색깔은 다르다.

 관계는 거울이다. 그 거울에 비친 내 모습을 보며 매무새를 가다듬는 사람도 있고, 그냥 거울이 마음에 안 든다며 깨는 사람도 있다. 연애와 사랑에도 패턴이 있는데, 반복되는 패턴을 살펴보는 일은 의미가 있다. 지금 만나는 사람이 이전에 만났던 사람과 비슷한 경우도 있고, 한 사람과의 관계 내에서 싸움의 패턴이 반복되는 경우도 있다.

 성장하는 연애를 하는 사람이라면 갈등이 몇 번 반복될 때 패턴을 인식하고 멈춰서 생각에 잠긴다. 예를 들어, 연인과의 관계에서 화가 났을 때 지난번에도 지지난번에도 비슷한 문제로 싸웠었다면 잠깐 멈춰서 이렇게 생각한다.

 '이 감정은 지금 이 사람 때문일까, 아니면 내가 늘 하던 방

식인가?'

'이번에는 예전이랑 똑같이 반응하지 말고, 다르게 말할 수 있을까?'

'이 관계는 나를 더 자유롭게 만들고 있을까?'

좋기만 한 관계는 없음을 받아들이자

성장하는 관계란, 문제가 없는 관계가 아니라 문제를 함께 다루며 서로를 더 잘 알아가는 관계다. 갈등이 없어서가 아니라, 갈등을 다르게 대하는 법을 배웠기 때문에 성숙해진다.

관계에서 갈등이 생겼을 때 잘 풀어갈 수 있는데도 그 관계를 파국으로 밀어붙이는 사람은 마음 깊은 곳에 두려움을 지닌 사람이다. 미국 텍사스 주립대 캐런 프레이거 교수는 친밀감의 심리학으로 널리 알려졌는데, 저서 《친밀감의 딜레마(The Dilemmas of Intimacy)》에서 친밀감의 양면성을 다루었다. 즉, 친밀한 관계는 깊은 정서적 유대와 만족감을 제공하지만, 동시에 상처 받을 위험도 내포한다는 말이다. 그래서 사람은 누구나 친밀감에서 얻는 기쁨과, 상처 받지 않기 위해 자신을 보호하려는 욕구 사이에서 갈등하기 마련이다.

사랑하는 관계는 가 보지 않은 길을 떠나는 여행과도 비슷하다. 우리는 그곳을 가 보지 않았으니 어떻게 될지 모른다. 여행에서 설렘과 기대가 당연한가? 아니다. 목적지 자체를 모르는 여행이라면 두려움과 걱정이 크다. 목적지를 모르고 탄 비행기가 나를 내려준 곳이 세계에서 치안이 가장 안 좋은 나라 10위 안에 드는 곳이라면 어쩌겠는가. 어떻게 살아남을 텐가. 목적지를 알고 가도 여행은 돌발 변수의 집합체다.

혼자가 더 좋다거나 둘이 더 좋다거나 하는 식의 비교는 의미 없다. 결혼이나 비혼을 비교하는 일도 의미 없다. 언제 결혼하면 좋을지도 사람마다 다 다르다. 다만, 이미 사랑하는 관계를 시작했다면 이 관계를 더 좋은 방향으로 이끌 가치는 충분하다.

사람 관계만큼 우리를 성장시키고 성숙하게 만드는 장면은 없다. 모든 성장에는 성장통이 있다. 연애도 결혼도 결국 성장하는 과정이라면 성장통은 피할 수 없다. 그래도 괜찮다. 성장은 출발부터 과정과 종결까지 얻는 것이 훨씬 더 많다.

이별 또한
연애의 한 과정이다

이별할 때 우리는 사랑뿐만 아니라
자기 자신에 대해서도 다시 배운다.

　사람들은 자신의 앞일을 결정할 때 합리적인 선택을 하기보다는 이미 잃은 것에 심리적으로 휘둘린다. 특히나 감정의 영향력이 크다면 더하다. 거기에 자신의 젊음을 투자했고 소모했다고 생각하면 더더욱 집착한다. 기다리는 시간이 길어질수록 버스가 곧 오리라는 기대와 함께, 이미 투자한 시간을 헛되게 만들고 싶지 않다는 생각에 떠나지 못하고 더 기다린다. 만약 지금 떠나야 할 곳에서 떠나지 못하고 있다면 다음 세 가지를 점검해 보자.

첫째, '손실 회피'를 하고 있는가? 사람들은 누구나 얻는 것보다 잃는 것을 더 크게 느낀다. 이미 함께 보낸 시간과 들인 노력이 아깝다고 느끼면 '아니다' 싶으면서도 과감하게 관계를 포기하지 못한다.

둘째, '낙관주의 편견'을 보이지는 않는가? "이렇게까지 노력했으니 앞으로 좀 달라질 거야"처럼 막연한 낙관적 기대가 포기하지 못하는 마음을 만든다. 이제까지 달라지지 않았다면, 앞으로 좋을지도 모른다는 기대는 서글프다. 사람은 안 좋은 쪽으로는 쉽게 변해도 좋은 쪽으로는 웬만해선 변하지 않는다.

셋째, '인지 부조화'를 겪지는 않는가? 이 사람과의 관계에서 미래가 낙관적이지도 않고 현재가 만족스럽지도 않지만, 과거에 들인 노력과 시간이 너무 많다는 사실이 부조화를 만든다. 이미 들인 시간을 어떻게 바꿀 수는 없으니 이 관계에서 오랜 시간을 들였다면 잘못된 결정이 아니며 이만하면 만족스러운 현재이고 앞으로의 미래도 좋은 쪽으로 생각을 바꿔 버린다. 그런 다음 떠나지 못하는 자신의 행동을 정당화한다.

어쩌면 이별도
성숙한 사랑의 일부

모든 이별은 우리 마음을 무너뜨리기도 하지만 이별을 겪으면서도 우리 자신을 다시 일으켜 세우기도 한다. 관계 안에서 어떻게 자신을 잃어버렸는지 발견하고, 무엇을 참고 무엇을 표현하지 못했는지도 돌아보게 된다. 이별할 때 우리는 사랑뿐만 아니라 자기 자신에 대해서도 다시 배운다.

이별할 때에 상대방에게 좀 더 예의를 갖출 수 있다면 나중에 자기 자신을 위해서 좋다. 살아가면서 은원(恩怨)의 대상이 되는 일을 피할 수는 없지만, 할 수 있다면 원망과 한(恨), 죽이고 싶을 정도로 강렬한 미움을 쏟아붓는 일은 피해야 한다. 이별하자는 마음이 분명하다면 최대한 정중하게 알려야 한다.

특히, 이별 과정에서 가장 중요한 사항은 상대에게 모멸감을 주지 말아야 한다는 점이다. 참고 참다가 도저히 더 이상은 못 견디겠다 싶어서 이별을 통보할 때조차, 상대를 힐난하고 모멸감을 안기지는 말아야 한다. 인간관계는 뿌린 대로 거둔다. 이게 끝이라 생각하고 돌이킬 수 없는 말을 내뱉는다면 어리석은 일이다. 상대에게 상처를 입히는 만큼 자기 자신에게도 남는다.

동화책에서 마무리가 '이후 두 사람은 행복하게 오래오래 살았습니다'로 끝난 때문인지, 좋은 사랑이란 영원히 행복하게 함께 사는 법이라는 기대가 있다. 하지만 현실에서는 여러 이유로 헤어질 수 있다. 사랑이 끝났다고 해서 사랑했던 시간도 의미 없지는 않다. 인생도 마찬가지다. 죽음이 기다리는 인생은 아무 의미 없을까? 우리는 이별을 통해서도 삶을 배운다. 계속 함께하지 못하니 아쉬운 일이지만, 잘 끝내는 일 역시 중요하다.

알파 메일도,
베타 메일도 없다

용기 있는 남자도 있고, 감성적인 남자도 있고,
목소리가 큰 여자도 있고, 조용한 여자도 있다.

나는 등산을 좋아해서 산을 자주 다니는데, 거의 대부분 혼자 산에 오른다. 코로나 시대 이후 등산이 젊은 층에게 각광을 받으면서 혼자 등산하는 여성 인구도 늘었다. 사실 산에서는 돌발 상황을 만날 수도 있고 사고의 위험은 항상 있기 때문에 '혼산'이 권장할 만한 일은 아니다. 그래서 나는 주로 잘 닦여진 등산로만 다닌다. 대부분 국립공원 위주로 다니고 인적이 드문 산은 자신이 없어서라도 피하는 편이다.

그렇게 산에 가면 등산로에서 만나는 사람들과 짧은 인사를 나눈다. 마주치는 사람들끼리 "안녕하세요" 정도의 말을 한다.

그런데 간혹 추파를 던지며 인사하는 사람이 있다. 돌발 상황이 생기더라도 웬만큼 힘으로 내가 제압할 자신이 있어서 그냥 지나가고 말지만, 나이 쉰도 넘은 사람에게 저런 말을 하는 모습을 보면 남사스럽다.

사람마다 살아가는 모습이 다르니 무엇이 더 좋다고 절대적으로 말할 바는 아니겠지만, 남녀의 프레임을 넘어서서 인간과 인간의 만남이 되기를 희망하고 소원한다. 사람과 사람의 만남에서 우리가 새롭게 경험하고 공유할 건 훨씬 더 많다. 담백한 인간관계에서 오는 소통이 있는데, 무엇하러 결혼 적령기 때나 품던 조바심으로 넘실댈 텐가.

틀을 정하는 순간
편견이 생긴다

남자와 여자라는 틀을 벗어나서 사람을 바라보자. 나는 용모가 뛰어난 여성에게 붙이는 '여신'이나 능력자 남성을 부르는 '알파 메일'이니 하는 요즘 말들이 썩 좋아 보이지 않는다. 언어가 주는 프레임 안에 갇히기 때문이다.

'알파 메일'이라는 용어는 동물행동학에서 나온 말인데, 우두머리 수컷을 의미한다. 지금은 사람에게도 쓰는 말이 되었다. 알파 메일에 대한 대칭되는 단어로서 '베타 메일'이란 말도 있다. 베타 메일은 성공적이지도 힘이 세지도 않다. 사족인데, '당신은 알파가 되고 싶은가 아니면 베타로 살 것인가'와 같은 구분 프레임에 갇히는 것이 싫었던 사람들이 이내 오메가, 시그마, 델타 등의 단어에도 관심을 가지기 시작했다.

사회에서는 남자를 바라볼 때 리더십이나 지배력, 힘과 능력을 갖추기를 기대한다. 반대로 그 기대치에 미치지 못하는 남성을 다양하게 분류한다. 유독 남자에 대해서만 베타 메일이라는 표현을 쓴다.

<아이젠하워 매트릭스의 4사분면>

용어	내용
알파 메일(Alpha male)	리더십이 있고 인기 많은 남성
베타 메일(Beta male)	순종적이며 주도권이 없는 남성
델타 메일(Delta male)	정시에 출근하고 자신의 직업에 자부심을 느끼며 사회에 기여하는 남성. 평범한 남성으로 묘사되기도 함.
오메가 메일(Omega male)	사회적 성공에 관심이 없고 비주류인 남성
시그마 메일(Sigma male)	조용하고 유능한데 독립적인 남성
제타 메일(Zetta male)	자신감 있고 독립적이며 성별 규범에 저항하는 남성

베타 메일이라는 용어의 뉘앙스는 기대치 또는 기본 값에 미치지 못한다는 의미다. 우유부단한 남성이나 리더십이 부족한 남성을 일컬을 때 쓴다고는 하지만, 알파메일을 더 돋보이게 하기 위해 쓰는 셈이다. 성공과 실패, 지배와 피지배라는 프레임으로 이들을 나눈다.

이렇게 언어에는 숨은 시선이 있다. 굳이 남자를 무엇을 이루었는지 성취로 평가해서 알파 메일이라고 구분할 필요가 있을까?

여성에 대한 분류는 저렇게 자세하지 않다. 그런데 또 다른 의미에서 성차별적 시선은 존재한다. 알파메일에 대칭되는 용어는 알파 피메일(Alpha female)인데, 우리나라는 그 단어보다는 알파 걸*이라는 말을 쓴다. 대상의 나이에 상관없이 사용하는 편이다. 어쩌면 강력한 여성상에 대한 두려움이 있기 때문이기도 하고, 귀엽고 어린 여성에 대한 유별난 선호 때문일 수

---

* 알파 우먼이라는 말을 쓰기도 하는데, Woman은 어원 자체에서 여성 차별적 뉘앙스가 있어서 외국에서는 Man, Woman을 쓰기보다 Male, Female을 쓴다. Woman은 man을 기본값으로 보고 그에 대해 파생형으로 여성을 부르는 구조다. Male과 Female도 비슷하게 보이지만, 둘은 서로 다른 어원에서 출발한 단어이며 어느 하나가 다른 단어로부터 파생되거나 종속된 것이 아니다.

도 있다. 어쨌거나 남성을 부르는 이름에 나이를 제한하지 않지만, 여성에게는 '멋진 여성은 어린 여성이다'라는 암묵적인 기대를 주입하려 한다.

인간의 가능성은 성별을 뛰어넘는다. 우리는 그저 다양한, 각자의 삶을 살아가는 존재일 뿐이다. 용기 있는 남자도 있고, 감성적인 남자도 있고, 목소리가 큰 여자도 있고, 조용한 여자도 있다. 아니면 그러한 모습을 보였던 시기도 있고 이후에 달라질 수도 있다. 그저 자기답게 이 시기를 살아낼 뿐이다. '알파, 베타'라고 하는 그리스 문자 없이도 충분히 괜찮게 살 수 있다.

다툼이 서로를
멀어지게 한다는 착각

인간관계에서 나 자신을 지키는 심리적 기술은
때로는 적절한 힘과 공격성을 필요로 한다.

'호구'라는 단어가 있다. 착해서 남들한테 이용당하기 쉬운 사람, 어리숙한 사람을 말한다. 혹시 스스로를 호구라고 느껴 봤는가? '나야말로 호구네' 싶어서 자조적인 웃음을 지었다면, 조금 더 당당해져 보자.

일단 당신이 호구라면 그건 당신이 잘못해서가 아니다. 그저 요즘은 살기 빡빡하기 때문에 누군가의 희생을 딛고 살아가는 일이 만연해졌을 뿐이다. 그렇지만, 언제까지 희생 당할 수는 없으니 관계에서 자기 자신을 좀 더 잘 지켜보자.

공격은 최선의 방어라 했던가. 인간관계에서 나 자신을 지키는 심리적 기술은 때로는 적절한 힘과 공격성을 필요로 한다. 사람을 존중하는 마음이 바탕이지만 힘이 필요하고, 우리 자신과 타인을 보호하고 건강하게 연결하기 위해 정제된 공격성도 필요하다.

우리는 모든 부탁을 들어주는 사람이 아니라, 때로는 단정한 어조로 '아니오'라고 말하는 사람이 되려 한다. 친절함을 실천하되 할 수 없는 것과 아닌 것은 거절하며, 상대의 무례함에 속수무책으로 침묵하지 않아야 한다. 솔직함을 가장해서 상처 주기보다는 성실하게 내 상황을 드러내고 평화로운 경계를 짓는다. 되도록 비난이나 싸움은 피하고 싶지만, 그렇다고 해서 무작정 갈등을 피할 수 없다. 그래서 갈등도 관리한다.

현명한 싸움에는
기술이 있다?

살면서 한 번도 안 싸운다는 사람도 있다. 과연 그럴까? 아마도 싸움의 정의가 매우 좁고 한정적이라서 그런 듯하다. 목소리를 높이고 핏대를 세우며 붉그락푸르락 해야만 싸움은 아니다. 서로 다른 의견과 각자의 이유를 내놓는 일, 문제를 해결해 나가는 과정, 섭섭한 마음을 터놓는 일, 불편한 순간을 견디는 모든 상황이 넓게 보면 싸움이다. 그렇기에 싸움은 피할 수 없다. 살면서 싸워야만 한다면, 과연 어떻게 싸워야 할까? 싸움도 기술이 있을까?

첫째, 싸움의 크기를 한번 예측해 본다. 문제의 크기를 가늠한다. 크기에 맞는 무기를 사용하는 게 기술이다. 아주 작은 문제에서 굳이 큰 싸움을 만들어 파국으로 치달을 필요는 없다. 바보 같은 일이다. 마찬가지로 중차대한 갈등이 있는데 아무 일도 아닌 양 농담으로 치부하며 넘어가면, 나중에 갈등을 해결하기 위해 이자까지 합쳐서 값을 치르게 된다.

둘째, 싸움에서 전달할 메시지를 명료화한다. 싸움의 전후와 진행 과정에서 '내가 진짜 하고 싶은 말이 뭐지?'라며 스스로에게 물어보자. 싸우기 전에도 그 질문을 떠올려 보고, 싸움의 중간에라도 짚어 봐야 한다. 사회생활을 하다 보면 돌려 까기 같은 감정싸움이 종종 벌어지기에 핵심을 놓쳐 버린다. 어떻게 복수할지 골몰하게 된다든가, 이번 일 말고 과거의 일을 끄집어 내온다든가, 갑자기 결론이 '내가 사표 내면 될 거 아니야!'로 마무리된다면 모두 감정에 지배 당하기 때문이다.

싸우기 전에 '내가 정말 하고 싶은 말'이 무엇인지를 스스로 점검한다. 진짜 하고 싶은 말은 쩨쩨한 복수보다 더 묵직한 무엇일 터이다. 나도, 상대방도 그것이 무엇인지 안다면 의미가 있다.

'진짜 하고 싶은 말은 무엇인가?'라는 질문은 언변이 화려한 사람에게도 도움이 되는 화두다. 말을 잘하면 싸우는 과정에서 유리한 듯 보이지만, 결과를 놓고 보면 썩 만족스럽지 않을 수 있다. 유려한 말솜씨 때문에 메시지는 묻히기 때문이다. 그래서 말을 잘하는 사람도 자신이 진짜 이번 대화에서 전하고 싶은 바가 무엇인지 스스로 자문해야 한다. 반대로 말을 잘 못하는 사람이라면 전달이 안 되는 경우가 있으니 글로 적어 보는 편이 좋다.

셋째, 표정 관리다. 표정은 상대에게 오해받기 좋은 함축적 메시지를 띄어서, 아주 쉽게 감정을 상하게 만들 수 있다. 싸울 때 표정은 자칫 빈정대거나 경멸의 표정이 나올 수 있는데, 사회생활을 그만둘 게 아니라면 그런 표정은 삼가자. 나에게 하나도 도움되지 않는다. 싸우면서 기분 좋은 표정을 지을 사람은 없다. 당연히 기분 좋은 표정을 짓지는 않겠지만, 최소 '진지한 표정'을 짓자.

앞서 말했지만, 싸움에서 감정의 지분은 크다. 감정과 자존심은 자그마한 상처에도 벌떡벌떡 날뛴다. 내 것이든 상대방의 것이든 건드리는 순간, 진짜 긁어 부스럼이다. 그러니 진지한 표정을 짓자.

넷째, 말의 양과 속도다. 일방적으로 말이 많으면 상대방은 듣지 않는다. 그러면 말하는 사람만 속이 터질 뿐이다. 말을 잘하는 사람과 말을 못하는 사람이 있을 텐데, 전자는 말을 가능한 한 줄여야 한다. 특히 싸움에서는 말을 줄여야 한다. 후자는 말을 하도록 노력해야 하는데, 얼굴 보고 말하기가 정말 어렵다면 이메일이나 문자로라도 소통하려 노력해야 한다.

어른의 평화는 말없이 참고 억누른다고 찾아오지 않는다. 전쟁 억지력이 있어야 평화 상태가 유지되듯, 내 마음의 힘도 필요하다. 그런 다음에서야 인간관계가 즐거울 수 있다. 관계

속에서 나를 지우지 않고 나를 지키며 타인을 만나면 예술이 된다.

애쓰고 있는 나에게 건네는 솔직한 말

애쓰고 있는 자신에게 솔직해지는 연습을 해 보는 공간입니다. 떠오르는 생각이나 감정을 편하게 적어 보세요. 완벽할 필요는 없습니다.

Q. 지금 내 인간관계는 어떤가요? 과거와 많이 달라졌나요?

Q. 인간관계에 공허함을 느낄 때 내가 하는 일

Q. 나르시시스트를 어떻게 대해야 할까요?

Q. 부모님과의 관계를 다시 정의한다면, 어떤 모습이 될까요?

Q. 내게 가족이란 어떤 모습인가요?

Q. 연애와 결혼은 선택이다 vs. 필수이다

Q. 힘겹게 이별했던 순간, 어떤 감정이 밀려왔나요?

Q. 성별 때문에 강요받았던 역할이 있었나요?

Q. 다툼을 피하려 했던 순간, 어떤 선택을 했나요?

4장

넘어져도
다시 일어서면 그만이다

괜찮아지는 마음가짐

무안함은
자연스러운 마음이다

> 사실 무안함은 나쁜 감정이 아니라
> 꽤 괜찮은 감정이다.

 서른 전후로 자주 느끼는 감정 중에 '무안하다'라는 감정이 있다. 사회생활을 하면서 수치심까지는 아니지만, 어딘가 조금 부끄럽고 어떻게 할지 모르겠고, 그렇다고 상황을 그냥 넘어가자니 마음에서 뒤끝이 남는 듯하다. 그런 무안한 감정을 혹시 경험해 봤는가?

 '무안하다'는 감정은 한국어에만 독특하게 발달한 정서 단어 중 하나다. 만약 영어로 번역한다면 'Embarrassed', 'Awkward', 아니면 'Self-conscious'와 같은 단어로 번역할 수 있을 듯하다. 하지만 그 어감이 정확하게 딱 맞지는 않는다. 그런 것을 보면 우리나라 사람들은 부끄러움을 매우 세분화해서 느끼는 듯하다. 마치 이누이트*가 묘사하는 눈의 하얀색이 여러 단어로 표현되는 것과 비슷하다.

사람에 따라서 무안하다는 감정은 몹시 가벼운 감정일 수도 있고 꽤 무거운 감정일 수도 있다. '부끄러움'과 '머쓱함', '어정쩡함'과 '조금의 수치심'이 뒤섞인 상태라고 할 수 있다.

조금 더 미묘해진
감정에 대하여

사회생활을 하다 보면 이 무안함을 이전보다 자주, 더 깊게 느낀다. 아직 세련되지 않은 직장생활 때문일 수도, 스스로 어른스럽기를 기대하는 높은 기대치와의 괴리 때문일 수도 있다. 그 상황에서 뭐라고 말하기는 애매하고 그냥 소화하기에는 또 답답한 어떤 경험이 무안함을 안겨 준다. 예를 들어, 회의에서 의견을 말했는데 아무 반응 없을 때, 친절하게 나섰는

---

* 북극의 원주민. 예전에는 '에스키모'라는 단어를 쓰기도 했는데, 해당 단어는 '날고기를 먹는 사람'이라는 의미가 있어서 이누이트 문화를 낮잡아서 표현한 것이라는 지적이 있은 다음부터는 주로 이누이트라고 쓴다.

데 도리어 오지랖이라는 취급을 받았을 때, 분위기를 띄우려다 오히려 분위기가 더 어색해지고 수습이 안 될 때, 그럴 때 대체로 무안해진다.

'무안하다'라는 느낌은 수치심이나 부끄러움만큼 강렬하지는 않다. 그래서 그만큼 자존감이 상하지는 않는데, 자신의 이미지에 작은 균열이 갔다고나 할까, 그 정도의 느낌이 있다.

사회 활동이 많아지는 나이가 되면 무안함을 경험할 확률도 높아진다. 다양한 종류의 관계 맺기가 활성화되고 맥락도 복잡해진 데다가, 그로 인해 사람들 사이의 미묘한 관계 감각도 더 발달했기 때문이다. 대체로 '무안하다'라는 부드럽고 중성적인 단어보다는 좀 더 공격적이거나 거친 단어로 상황과 자기심정을 묘사한다.

무안함을 에둘러서 가장 유쾌하게 표현한 단어는 '머쓱타드'다. '머스타드'와 '머쓱함'을 짜집기한 단어다. 무안함은 좀 색깔이 진하지 않은 소소하고 섬세한 단어라서, 활용도에서 자꾸만 더 밀리는 느낌이다. 이러한 말의 변천사도 사람들의 마음 변화를 따라간다.

바라기로는 무안함과 같은 조용한 감정 단어는 인류 마지막 날까지 살아남으면 좋겠다. 그렇지 않으면 우리는 강렬하고 자극적인 감정 단어만 가지고 전쟁하듯 살지도 모른다.

무안함은
사회적 관계를 위한 신호다

실제로 사회생활을 하면서 우리는 대부분 큰 상처보다는 작은 불편함을 인내하느라 흔들리며 살아간다. 사람들과의 관계 속에서 느낀 무안함도 예외가 아니다. 삶은 스스로 생각할 때는 한없이 어른스럽고 완성형이지만, 어쩌면 그런 압박 때문에 더 실수하고 무안할 일이 더 생긴다.

사실 무안함은 나쁜 감정이 아니라 꽤 괜찮은 감정이다. 무안함, 머쓱함, 민망함은 모두 사회적 감각이 살아 있다는 증거이기 때문이다. 내가 지금 누군가와 연결되었고, 그 관계 속에서 나의 말과 행동이 어떻게 받아들여질지 민감하게 느끼는 중이다. 그것을 알려 주는 신호가 바로 무안함이다.

어릴 때라면 무작정 말하고 행동하고 그 뒤로는 다시 생각해 보지도 않았겠지만, 이제는 말 한마디에도 맥락을 고민하고, 상대방 반응에 주파수를 맞추려니까 그런 감정이 생긴다. 그러므로 무안함은 내가 성숙하기 위한 길 위에 섰다는 표시다.

꽤 멋진 훈장이라고도 할 수 있다. 그러니, 그 감정을 부끄러워할 필요는 없다.

그래도 무안함 때문에 마음이 좀 시리다면 이렇게 말하자.

"지금 이 기분은 수치심은 아니고, 그렇다고 아무렇지도 않진 않아… 그래, 아, 무안하네."

이와 같이 정확히 그 감정을 속으로 말하든 혼잣말로 들리게 뱉든 말하면 감정은 줄어든다. 감정이 가장 무섭게 작용하는 상황은 그 감정이 무엇인지 이름을 찾지 못했고, 또 이름을 찾았더라도 말로 설명할 수 없을 때이다. 감정을 명확히 인식하고 그 이름으로 불러 주는 순간, 그 감정은 나를 휘두르는 게 아니라 내가 다루고 품는 대상이 된다.

무안함을 자기만의 유머로 완성하자. 익숙해지면 다른 사람 앞에서도 유머 실력을 발휘하겠지만, 일단 혼자 연습하자. 무안했던 상황을 떠올리고 '와, 오늘 나 무안 레벨 업그레이드 했어'와 같이 짧은 유머를 써 본다. 무안함은 잠깐 웃고 나면 얼마든지 가볍게 처리할 수 있는 감정이다. 결코 독한 뿌리를 가진 감정이 아니다.

감정의 찌꺼기를
처리하는 법

해결되지 않은 감정은 그것의 존재와 의미를 알아차릴 때
가장 좋은 완성형으로 마무리된다.

30대부터 우리는 사회적으로 어른답게 기능해야 한다고 생각한다. 하지만 30대도, 40대도, 50대도 정서적으로는 아직 감정을 표현하고 정리하는 방법을 완전히 익히지 못한 과도기적 시기일 수 있다. 겉으로는 잘 살아내는 듯 보여도, 마음 안에는 말로 설명하기 어려운 찌꺼기 같은 감정들이 쌓인다. 마음 한구석에 남는 감정, 문득 떠오르는 감정, 반복되는 감정들 등등.

어쩌면 애매하게 넘어간 일이 마음 어딘가에 남으면서 그런 감정을 더 부추기는지도 모른다. 그땐 별일 아니라고 넘겼지만, 샤워를 하다가, 밤에 불을 끄고 누웠을 때 아니면 커피를

마시다가 문득 그 장면이 떠오르며 가슴을 콕 하고 찌르는 기억이다. 누군가의 생각 없는 말이었을 수도 있고, 아니면 그때 상대의 표정이었거나, 내가 미처 하지 못했던 말 때문에 떠오르는 감정일 수 있다. 그 순간은 지나갔지만 감정은 끝나지 않았고, 어딘가에 남아서 배경음처럼 은근히 울린다. 이것이 '감정의 찌꺼기'이다.

제대로 소화되지 못한 감정, 말로 표현되지 못한 채 남겨진 감정, 너무 작아서 대수롭지 않게 여겼던 감정이 쌓이고 또 쌓이면 찌꺼기도 커다란 무엇이 될지도 모른다.

마음을 직면하는 방법은 다양하다

감정의 찌꺼기를 처리하는 가장 기본적인 방법은, 별것 아니라고 무시하지 않고 그 감정을 꺼내어 바라보는 일이다. 내 마음에 감정 찌꺼기를 만들게 한 상대방이 알아주지 않더라도 상관없다. 그보다는 내가 알아주는 게 중요하다. 알아주려면 일단 정제된 방식으로 표현한다. 그날 있었던 일을 일기장에 써 보기, 어디에도 전송하지 않을 편지 쓰기, 믿을 만한 사람과 마음을 나누기 등 어떤 방식이든, 감정이 형체를 드러내게끔 표현하며 이해한다.

나는 심리학자이자 미술치료사로서 주로 무기력하거나 우울하거나 스트레스가 심한 사람들과 만난다. 그들과 치료 작업을 하면서 그들이 자신의 감정을 색으로 표현하고 그림으로 그리면서 자기 감정에 형체를 부여하도록 한다.

보이는 형태로 그려진 감정에 이름을 붙이고 바라봄으로써 빛을 비추면, 그 감정은 더 이상 그 사람을 끌어당기는 덩어리가 아닌 다룰 수 있는 조각으로 바뀐다. 자기 감정은 쓰레기라며 쓰레기를 그리던 사람도, 그려진 감정을 보면서는 애틋하다고 말하고 보석 같다고 말했다. 참고 살아온 세월이 그냥 생각만 할 때는 '쓰레기'였지만, 그려 놓으면 다른 모습으로 비춰질 수 있다.

나 역시도 감정을 다루어야겠다고 느낄 때 그림도 그리지만, 다른 방식으로 표현하기도 또한 좋아한다. 그중 음악을 들으면서 내 감정을 알아차렸던 일화를 나눌까 한다.

한번은 존경했던 선배를 만나고 돌아온 날이었다. 어느덧 연세가 예순을 넘긴 선배였는데, 그분이 젊은 시절에 말씀하

셨던 방향과는 다른 삶을 선택하며 살고 계셨다. 내가 기억하는 그분 말씀이 참 이상적이었는데, 이후의 선택은 말씀과는 달랐다. 그때 내 감정이 실망인지 쓸쓸함인지 분노인지 알 수가 없었다. 뭘 그리 기대했기에 이리 실망하나 싶다가도, 사람의 한계는 우리 생각보다 더 가까운 곳에 있구나 싶었고, 내게 사람 보는 눈이 없구나 싶어 화가 나기도 했다.

복잡한 심경에서 손 하나 까닥하기 싫어서 음악을 틀었다. 그날은 내 감정과 공명하는 곡이 없었다. 조금 듣다가 그 다음 곡으로 넘기고 또 넘기기를 몇 번이나 했는지 모르겠다. 밝은 곡도, 어두운 곡도, 빠른 곡도, 느린 곡도, 가사가 있는 곡도 없는 곡도 와닿지 않았다. 음악을 들을 때 웬만해서는 감정이 음악에 맞는다는 느낌이 드는데, 그날은 하나도 그렇지 않았다. 그렇게 몇 곡이나 넘긴 끝에 웅장한 운명 교향곡을 들었을 때 그 멜로디와 변화 과정이 마음에 와닿았다.

그제야 내 감정이 무엇인지 알아차렸다. 운명이 문을 두드린다는 말도 기억이 났다. 내게도 운명이 문을 두드릴 시간이라서 감정이 그렇게 복잡했던 듯하다.

남겨진 감정, 해결되지 않은 감정은 그것의 존재와 의미를 알아차릴 때 가장 좋은 완성형으로 마무리된다. 때로는 미술 치료에서 하듯이 손으로 색을 칠하며 마음을 흘려보내도 좋고, 때로는 산책하며 몸을 움직이며 감정을 몸 밖으로 표출해도 좋다. 중요한 사실은 감정을 참거나 무시하거나 억누르지 않고, 조용히 흘려보낼 출구를 만드는 것이다.

감정의 찌꺼기를 잘 다루려면 마음속 쓰레기통을 자주 비워야 한다. 비우지 않으면 결국 넘쳐서 내 안의 여백이 사라진다. 우리가 더 성숙해지려면 감정을 억누르는 능력이 아니라 감정을 느끼고 경험하며 정리하는 능력을 키워야 한다.

감정의 잔여물을 재활용하는 법

내담자가 자신의 감정을 '쓰레기'라고 부르곤 하는데, 가끔 나 역시 감정과 쓰레기 간의 공통점을 떠올리곤 한다. 쓰레기라고 하면 이미 너무 부정적인 뉘앙스라서 말을 꺼내기가 어려운데, 사실 쓰레기는 다름 아닌 우리 생활의 일부다. 우리는 육체의 삶이든 정서의 삶이든 계속해서 무언가를 소비하고, 버리고, 남기며 살아간다. 그리고 그것은 완전히 사라지지 않는다. 단지 보이지 않는 곳으로 옮겨질 뿐이다. 감정도, 플라스틱도 마찬가지다.

쓰레기 중 재활용이 되는 것과 안 되는 게 있다. 사실 재활용 쓰레기가 진짜로 재활용되는 비율은 그다지 높지 않다. 오염된 플라스틱, 혼합 재질 포장지, 소량 포장물은 재활용이 어렵다고 하며, 재활용 공정의 비용이나 에너지 사용을 생각하면 재활용의 의미가 없다고 한다.

재활용이 되지 않는 쓰레기 중 가연성 쓰레기와 불가연성 쓰레기가 있다. 가연성 쓰레기는 태우면 끝날까? 플라스틱, 폐비닐 등은 소각 처리되며, 이때 나오는 에너지로 전력을 일부 얻기도 하지만 소각 과정에서 이산화탄소, 다이옥신, 미세먼지 등 환경 오염 물질이 발생하고, 태운 다음 재도 남는다. 불가연성 쓰레기는 주로 매립을 하는데, 매립지가 포화된 점이라든가 매립지의 침출수 등이 문제로 대두된다.

감정도 그렇지 않을까? 감정이 단지 느끼고 잊으면 끝이 날까? 아니면 어딘가로 이동되고, 남고, 어떤 방식으로든 순환하거나 축적될까? 상담을 하다 보면 후자에 가깝다고 느낄 때가 많다. 열 살 무렵 들었던 엄마의 충격적인 말이 괜찮다고 생각했는데, 서른 중반도 넘긴 나이에 오열할 만한 기억으로 다시 되새김질 된다든가, 슬픔을 참고 또 견디었더니 어느 날부터 무기력해서 아무것도 못하는 삶이 되었다는 이야기가 그 증거다.

사람들은 자기 감정을 잘 처리해서 '버렸다'고 말하지만, 앞서 실제 쓰레기의 버려지는 과정처럼 완벽하게 사라지지 않는다. 그냥 여기서 저기로 옮겨질 뿐이고, 정리하고 해결한 모습 같지만 다른 문제를 일으키는 원인일 수 있다.

그런 관점에서 바라보면 쓰레기든 감정이든 처리보다는 '발생을 줄이는 일'이 더 중요하다. 플라스틱이나 빨대 문제를 해결하는 가장 좋은 방법은 처리 기술이 아니라 생산을 줄이는 것이다. 마찬가지로 감정 쓰레기도 발생을 줄여야 한다. 불필요한 감정 소비를 줄이는 연습이 필요하다.

남을 지나치게 신경 쓰지 않기, 불필요한 사과와 해명 줄이기, 자기 자신을 과도하게 몰아붙이지 않기 등을 실천하면 감정의 쓰레기는 줄고, 비움도 적어진다. 혹여 뭔가가 생긴다면 감정을 묵히지 말고 정화하고 순환시키는 감정 재활용 시스템을 사용해 본다. 말하기와 쓰기, 그리기, 듣기, 공감받기 등 감정을 흘러가게 하는 재활용 센터가 생활에 자리를 잡을 때, 우리는 좀 더 홀가분한 마음으로 살아갈 것이다.

꾸물거리는 행동의
모든 것

> 꾸물거림은 합리적 선택이 아니라 비합리적 결정이며,
> 꾸물거린 결과로 꽤 큰 후회나 자기 비난, 불안을 경험하게 된다.

   나의 핵심 가치도 찾았고 삶에서 꼭 필요한 선택도 했으니 이제 모든 게 완료되었을까? 거의 그렇다. 시작이 반이니까 말이다. 하지만 우리에게는 아직 나머지 반이 남았다. 선택만으로 이루어지는 자동 완성은 없다. 노력이 들어가지 않는 시작도 없다. 내가 한 선택이 진짜 좋은 선택이 되기 위해서는 이후의 여정이 중요하다. 그래야 시간이 한참 흐르고 난 다음에, '아, 그때 내가 선택을 참 잘했지'라고 말할 수 있다.

   원하는 삶을 빠르게 성취하는 지름길은 없다. 아무리 자신에게 맞는 선택을 했더라도 그 선택의 결과가 만족스러워지기

까지는 시간도 노력도 필요로 한다.

꾸물거리는 것과
미루기의 차이점

꾸물거림은 21세기에 들어와서 심리학계에서 말 그대로 '핫한' 주제다. 영어로는 'Procrastination'이라 한다. 미루기 또는 지연으로 번역할 수도 있는데 '꾸물거림'이라는 용어로 사용하는 이유가 있다. 단순히 행동을 미루는 게 아니라, 복잡한 심리적인 요인이 개입되었다는 의미다.

'단순한 미루기'와 '꾸물거림'은 무엇이 다를까? 일단, 단순 미루기는 대체로 합리적인 판단에 의한다. 상황이 그렇거나, 효율성을 따졌거나 또는 우선순위에서 덜 중요하기 때문에 미룬다. 그래서 미루는 것과 관련된 마음의 부담이 크지 않다.

그에 비해 꾸물거림은 해야 하는 일을 알면서도 하기 싫거나 할 수 없어서, 회피하며 마지막 순간까지 미룬다. 꾸물거림은 합리적 선택이 아니라 비합리적 결정이며, 꾸물거린 결과로 꽤 큰 후회나 자기 비난, 불안을 경험하게 된다. 주로 자기 통제력이 약하거나 감정 조절이 잘 되지 않는 경우에 하는 행동이다.

단순한 미루기는 큰 스트레스 없이 나중에 일을 처리할 수 있지만 꾸물거림은 일을 해내더라도 그 과정에서 지속적인 스트레스를 경험하고 일의 성과도 제대로 나오지 않을 수 있다. 결국 단순 미루기와 꾸물거림은 그 과정에서 치루는 감정의 값에서도 차이가 나고 일의 결과도 달라진다.

심리학계에서는 꾸물거림이 단순히 나태해서 발생하는 행동 지연이나 시간 관리 실수가 아니라고 본다. 그보다는 자기 조절 실패, 감정 조절 실패, 자기 통제력의 문제라고 보며, 심리적인 고통이 상당하다고 말한다. 꾸물거림의 문제를 좀 더 깊이 들여다봤을 때, 시간을 지연시키는 게 핵심이 아니라 감정적으로 회피하는 게 핵심으로 드러났다.

사람들은 앞으로 다가올 미래에 무엇이 더 중요하며 자신에게 무엇이 이로운지에 따라 움직이지 않고, 그저 단순히 지금 현재 느끼는 감정에 따라 휘둘린다는 말이다. 해야 할 일을 당장 하는 게 힘들고 고통스럽다면 일단 회피하고 본다. 그런데 마음에 무거운 돌덩이가 하나를 계속 지고 가는 느낌이다.

꾸물거리는 사람들은 별 생각이 없거나 자신에 대한 기대치가 낮다는 오해가 있지만, 의외로 완벽주의자들 중에 꾸물거림이 심한 사람들이 꽤 있다. 자기비판적 태도를 지닌 완벽주의자는 그러한 성격 때문에 쉽사리 일을 시작하지 못하고 마지막 순간까지 계속 힘들어하며 꾸물거린다. 어떤 힘든 일이 있을 때 회피하거나 억제하는 방식으로 감정을 다루는 사람들 역시 꾸물거림이 심한 편이다.

불안한 마음 때문에, 자기 효능감이 낮아서(예: 나는 저 일을 제대로 잘 해내지 못할 거야) 해야 할 일을 미룬다면 그것은 '꾸물거림'이다. 그에 비해, 그 일의 우선순위를 따져서 미루거나 일의 효율성을 높이려고 미룬다면 그것은 전략적이고 합리적인 '미룸'이다.

합리적 미룸을 '적극적 꾸물거림'으로, 그리고 부정적인 결과를 낳는 꾸물거림을 '소극적 꾸물거림'으로 부르는 학자들도 있다. 적극적 꾸물거림을 보이는 사람들은 압박감이 있어야 몰입이 되니까 일부러 마감 직전까지 생각을 끌고 가고 행동은 마지막에 한다. 그러면 집중력도 향상되고 창의성도 더 증가한다고 항변한다. 나름 그 말도 맞다. 마지막 순간이 되었을 때 사람들은 초인적인 힘을 발휘하기도 한다. 그런데 번번이 그런 방식을 사용하면 조금 더 쉽게 번아웃이 온다. 시간의 압박은 언제나 사람의 마음을 갉아먹기 때문이다.

꾸물거리다 보면 인간관계가 망가진다

꾸물거림의 문제는 대개 개인적인 성과와 성취에서 문제가 되지만, 인간관계에서 걸림돌이 될 때도 많다. 팀으로 작업을 할 때 꾸물거림이 있는 구성원에 대한 부정적 감정이 커지는 일은 흔하다. 혹은 시간 약속을 했을 때 번번이 늦게 나타나는 사람이 있다. 그 사람의 지각 패턴도 일종의 꾸물거림의 결과다.* 감정 회피형 꾸물거림을 보이는 사람들은, 약속한 상대방이 누구든지 사람을 만나는 것 자체에 대한 사회적 불안이나 부담감 때문에 무의식적으로 시간을 끌고 결국 늦는다. 그 사람은 아마도 이렇게 느낄지도 모른다.

* 모임에 거의 항상 늦는 사람들 중에는 꾸물거림과 상관 없는 사람들도 있다. 나르시시즘이 강해서 자기 시간과 스케줄만 중요한 까닭에 시간 약속을 가볍게 다루는 사람들도 있고, 시간 자체에 대한 관점이 낙관적으로 왜곡되어 있어서 '약속 장소에 가기까지 시간이 충분해'라고 잘못 판단하고 번번이 늦는 사람도 있다.

"가긴 가야 하는데, 괜히 몸이 안 움직여져. 늦게 나가게 돼."

꾸물거림으로 시간 약속을 지키지 못하고 반복해서 늦어지면 주변에서 그 사람을 책임감 없는 사람이라고 본다. 심리학에서는 '성격의 5요인'이 있다고 하는데, 그중 하나가 '책임감'이라고 부를 수 있는 '성실성(Conscientiousness)'이다. 성실성은 계획성, 자기 통제력, 시간 관리 능력, 약속 이행 능력과 관련이 있다. 성실성이 낮은 사람일수록 시간 약속을 잘 지키지 않는다. 그러니, 꾸물거림을 보이는 사람들에 대해 '책임감이 없다'라고 느끼는 주변의 판단은 타당한 셈이다.

시간 약속은 눈에 보이지 않는 신뢰 계약이다. 사람들과 같이 협업할 때, 사교적인 모임에서 약속 시간이 있을 때, 지각을 하면 '신뢰 계약'을 제대로 지키지 못한 것이다. 더구나 반복해서 그런 일이 발생한다면 꽤 큰 마이너스 점수를 감수해야 한다. 이미 상대방에게 '전 당신을 존중하지 않아요'라는 메세지를 전달한 셈이기 때문이다.

매번 늦는 사람을 상대하는 법

간혹 매번 늦는 사람한테만 정해진 약속 시간을 10분 정도 일찍 시작한다고 당겨서 얘기해 주기도 하는데, 그러한 방식이 불편하지 않으면 사용해도 된다. 하지만 대개 지각하는 사람 때문에 스트레스 받는 사람은 정확한 시간 원칙이 있는 사람이라서 일부러 잘못된 시간을 얘기할 때 가치 충돌을 경험할지도 모른다.

만약 시간 약속을 제대로 지키지 않는 팀원이나 지인 때문에 스트레스를 받는다면, 한 번쯤 짚고 넘어가자. 우선 원칙을 다시금 말해 준다.

"우리 회의는 정시에 시작하도록 할게요. 그래야 각자 준비가 효율적으로 될 것 같습니다."

이렇게 말하면 특정인을 겨냥하지 않으면서 팀 차원의 규칙 제안으로 부담을 줄일 수 있다. 그래도 계속 늦는 사람이 있다면 그 사람을 따로 불러서 얘기하자. 되도록 상대방의 행동을 지적하기보다는 내 마음의 불편함을 말하면 된다. 중요한 점은 기준을 명확히 하되 비난은 되도록 피하는 화법을 구사해야 한다는 점이다.

"○○씨, 저는 시간을 잘 지키려고 애쓰는 편이라, 자꾸 늦으시면 제 마음이 불편해져요."

"왜 항상 늦으세요?"라거나 "이 정도는 기본 아닌가요?"라고 말하면 상대의 감정을 상하게 만든다. 그보다는 자신이 느낀 점과 기준에 대해 이야기하는 편이 좋다.

"저는 시간을 정확하게 지키는 걸 중요하게 생각해요. 정시에 시작하면 가장 효율적이에요."

말을 해도 상대가 바뀌지 않을 수는 있겠지만 스트레스를 받던 사람의 마음은 한결 가벼워질 것이다. 자신의 내면 목소리가 외부로도 흘러 나왔기 때문이다. 일종의 진정성을 실천했다고 볼 수 있다.

시간이 주는 스트레스에서 벗어나자

어쩌면 우리는 시계에 쫓기는 게 아니라,
스스로를 닦달하는 마음에 쫓기는지도 모른다.

민규 씨는 오늘 출근이 조금 늦었다. 민규 씨도 잘 알고 있다. 출근길에 5분이 남은 날과 5분이 늦는 날의 아침 풍경은 완전히 다르다는 것을. 전자는 햇살이 느껴지고 커피 향도 코끝에 스민다. 하지만 후자는 아무것도 보이지 않는다. 숨이 차고, 마음은 조급하고, 세상 전체가 자신을 기다리지 않는 듯하다. 그런 날은 유독 지하철도 애매하게 더 늦게 출발한다.

취업만 하면 좋겠다고 생각하던 때와는 다르게 고단하다. 그저 배부른 고민 같아 보이지만, 시간에 쫓기며 사는 삶도 스트레스가 크다. 마음을 힘들게 하기로는 **빡빡한 시간**만 한 것이 없다. 생각해 보면 시간이란 참 이상하다. 어떨 때는 짧게 느껴지고 어떨 때는 길게 느껴진다.

민규 씨 사례처럼 같은 5분이 남거나 모자라는 상황에 따라 전혀 다른 결로 다가온다. 사실 물리적으로 동일한 시간이라 하더라도, 그 시간을 어떻게 느끼는지에 따라서 생리적인 반응이나 심리적인 상태는 전혀 다른 모습을 보인다. 심박수, 스트레스 호르몬이라 불리는 코르티솔 수치, 사고의 유연성에서 큰 차이가 난다.

정해진 시간이 주는 압박감

시간 인식과 심리적 스트레스의 관계를 조사한 사람들은 '시간 압박'이야말로 스트레스의 강력한 유발 요인임을 밝혔다. 내가 생각하는 필요한 시간과 실제로 주어지는 시간이 잘 맞지 않아서 시간이 부족하다고 느낀다. 어떤 과제를 해야 하는데, 나는 적어도 10시간은 필요하다. 그런데 쓸 수 있는 가용 시간은 5시간밖에 없다. 꼭 해내야 한다면 이것은 꽤 심한 압박이 된다.

심리학자 다니엘 카너먼은 의사 결정 과정에 시간 압박이 어떤 영향을 주는지 주목했다. 우리 머릿속 생각의 '이중체계'는 뭔가를 결정할 때 손실과 이익, 가치와 의미 등을 따진다. 그런데, 이중체계 중 첫 번째 시스템은 시간 압박이 들어왔을 때 직관적 사고에 더 의존하고, 위험과 손실이 수반되는 선택을 할 가능성이 높아진다.

두 번째 시스템에서는 주로 신중하고 분석적인 추론을 하는데, 시간 제약이 클 때는 추론 대신 빠르고 감정적인 반응에 기반한 결정을 내릴 가능성이 높아진다. 결국 시간에 쫓길 때 사람들의 마음에서는 인지적 자원이 줄어들고 결정의 질도 낮아진다.

시간이 여유 있다거나 부족하다고 느낄 때 심리적으로는 어떨까? 시간 여유가 있는 사람은 상황을 통제한다고 느끼고, 자기효능감도 올라간다. 시간 결핍을 느끼는 사람은 불안과 무기력감이 커지고, 인식마저 왜곡된다. 예를 들면, 시험을 치는데 5분밖에 안 남아서 도저히 문제를 풀지 못하겠다고 포기하는 게 시간의 인식 왜곡이다. 집에서 시간 압박 없이 그 문제를 풀었다면 3분 이내에 풀었을 수도 있다.

완벽을 추구할수록
시간을 중요하게 생각한다

완벽주의자들은 자기 안의 기준이 높다 보니 그것을 해내기까지 시간이 많이 들고 거의 항상 시간 부족을 느낀다. 사실 물리적 시간 부족보다는 높은 기준을 충족시키는 데 필요한 시간이 부족한 것이다.

그런데 완벽주의라고 다 똑같지는 않다. 완벽주의 중에서도 주어진 과제에 집중하는 완벽주의가 있고, (자신이 일을 제대로 못했을 때 받을) 비난에 집중하는 완벽주의가 있다. 전자는 오히려 완벽주의가 시간 관리를 더 촘촘하게 하도록 돕는 반면, 후자는 작업 시간이 증가하거나 결정이 지연되는 '완벽주의적 시간 마비'를 겪으면서 작업도 완성하지 못하고 시간 압박도 심하게 경험한다.

후자의 경우, 상담 장면에서는 평가에 대한 공포를 극복하고, 불안함 때문에 회피하는 성향을 직시하며, 완벽함보다는 완성을 추구하도록 격려한다. 뭔가를 끝맺음을 한다는 건 그 자체로 의미가 있다.

어쩌면 우리는 시계에 쫓기는 게 아니라, 스스로를 닦달하는 마음에 쫓기는지도 모른다. 빨리 빨리, 더 빠르게, 빠른 속도를 미덕으로 여겨야 했던 사회 안에서 우리는 너무 자주 헐떡였다. 하지만 진짜 삶은 속도보다 리듬에 있다. 음악에 쉬는 박자가 있어야 아름답듯, 삶도 여백이 있을 때 비로소 숨이 돌고, 자신을 다시 느낄 수 있다.

삶은 더 빠르게 살아내는 게 아니라, 더 의식적으로 살아내는 게 아닐까? 내가 시간을 주도하는 날, 세상은 조금 더 선명해질 터이다.

시간에 끌려가지 말고, 시간을 끌어안자

시간을 대하는 태도를 조금만 바꿔 보자. 먼저 시간 여백을 만든다. 하루의 일정을 짤 때, 5분이든 15분이든 작은 여백을 남긴다. 일종의 완충 지대이다. 그 짧은 시간 여백을 자신이 원하는 방식으로 휴식하자. 여백 덕분에 잠시 긴장을 풀고, 회복과 재충전을 할 수 있을지도 모른다.

그래도 시간 때문에 허덕인다고 느껴진다면 이번에는 시간 일기를 써 보자. 일기 쓰기는 여러 방식으로 심리 치료에서 많이 사용한다. 감정 일기가 그렇다. 자신이 실제 시간을 어떻게 쓰는지 하루하루 기록해 본다. 그런 다음 한 주 정도 분량이 모였을 때 기록을 찬찬히 살펴보면서 나는 어디에서 스트레스를 느끼는지, 내가 시간을 주도하는지, 외부 요인에 끌려다니는지 살펴볼 수 있다. 자신의 시간이지만 이렇게 일주일을 살펴보면, 바꿀 부분들이 분명히 눈에 띌 것이다. 시간 일기를 적으면서 기억해야 할 쟁점은 매일의 기록에서 내가 해야 하는 일보다 나는 어떻게 살고 싶은지 나의 마음과 삶의 목표를 되새겨 본다는 점이다.

"나는 오늘 어떤 기분으로 하루를 살고 싶은가?"
"일상에서 나의 기본 표정은 어땠으면 싶은가?"

시간은 절대적이지만 그 시간을 인식하는 건 지극히 주관적이다. 5분이라는 시간을 내가 쥐었다고 생각하면 여유가 있고, 시간에 내가 끌려간다고 느끼면 5분은 압박이 된다.

"나는 시간을 어떻게 느끼며 살고 있는가?"

이 질문은 스트레스를 조절하는 삶의 기준을 찾도록 돕는다. 그러니 스스로에게 낯선 것을 권해 보자. 우리는 종종 자신을 너무 잘 안다고 생각한다.

"나는 이런 걸 좋아하지 않아."
"나는 이쪽으로는 소질 없어."
"그건 나랑은 안 맞아."

그런 말들은 마치 오랜 친구처럼 익숙하고, 때로는 우리를 보호하기도 한다. 하지만 그 말 속에는 우리가 아직 만나 보지 못한 자신의 가능성을 자르는 칼이 함께 있다.

한국인은 항상 바쁘게 움직인다

어느 시기부터 삶은 어느 정도 모양이 잡힌다. 일과 사람, 취향과 루틴, 대화 주제와 주말의 움직임까지 틀이 잡힌다. 그런데 그렇게 익숙함으로 둘러싸인 세계에서 살다 보면 낯선 것에는 점점 더 마음을 주지 않게 된다. 새롭게 시도할 시간도 여유도 없다고 느낀다. 주어진 일을 해내는 것만으로도 시간이 빡빡해서 허덕이는 느낌일지도 모른다. 그렇지만 해 보지 않았던 낯선 무언가를 그냥 버리기에는 청춘이 너무 눈부시지 않은가.

언젠가 보았던 영화의 한 장면이 생각난다. 배경이 미국이었는데, 경찰이 한인 마트에 들러 커피를 주문한다. 자주 들리던 단골 마트였다. 주인 혼자 카운터를 지켜서, 부인은 오늘 안 나왔냐고 물으니 아파서 집에서 쉰단다. 주문한 커피를 내주면서 오늘은 공짜라고 말한다.

고맙다고 인사한 경찰은 밖으로 나와서 동료 경찰에게 이 슈퍼마켓에 지금 강도가 들었다고 한다. 이유는 첫째, 한국인은 아파서 죽으면 죽었지 절대 집에서 쉴 사람들이 아닌데 그 부인이 집에서 쉰다는 것이다. 둘째, 커피를 공짜로 줬다는 것이다. 이 두 가지가 있을 수 없는 일이라서 비상 상황임을 직감했다고 한다.

사람마다 각자 사는 방식이 다르고 다른 나라에 뿌리를 내리기 위해서 성실함을 무기로 살아야 하는 삶의 애환이 있으니 그 영화 내용은 다소 과장이 섞였을 수 있다. 하지만 쉬지 않고 일하고 조금의 여유도 허락하지 않는 모습이 오늘 우리 모습의 전부라면, 삶이 너무 서글프다.

경험은 절대
돈으로 살 수 없다

나는 돈이 되지 않는 낯선 무언가 하기를 추천한다. 무엇이든 자신의 관심을 끄는 일을 한번 해 보자. 그 시간을 음미하고 경험 자체가 목적이 되는 일을 시작해 보자. 꼭 해 보고 싶었던 악기, 혼자 떠나본 적 없는 여행, 잘 모른다고 덮었던 철학 책이나 외국어 공부 같은 것, 그 외에도 마음 한구석을 차지하는 무엇이든 좋다.

가 보지 않은 길을 걷고 하지 않았던 일을 하면 우리는 안정적일 수도 있는 나이에 '처음'과 '초보'라는 지위를 다시 경험하게 된다. 그 자체로 의미를 지니기도 하고, 뻣뻣하게 굳어져가는 자아 개념을 다시 한 번 흔들어 주기도 한다. '나는 이런 사람이다'라는 자아 개념이 굳기 전에 균열을 주는 일인 셈이고 고정된 자기 개념을 재미있게 흔드는 시도인 셈이다.

'내가 여태껏 몰랐지만, 이런 모습도 나일 수 있겠구나.'

이런 감각을 얻었다면 이미 자기 확장의 문을 연 셈이다.
돈이 되지 않으면서 낯선 경험에 도전하는 일은 빡빡한 직장인의 삶에 쉼표가 되기도 하고 실패를 재정의 하는 기회가 되기도 한다. 대부분 지나온 삶이 길지 않더라도 10대와 20대 때의 실패는 종종 성과와 연결된 결과로 평가되었을 터이다. 우리는 공부든 시험이든 자격증이든 성과 위주의 결과를 내기 위한 시간을 보냈다.

30대부터는 그 결과가 돈과 직간접적으로 관련된다. 그렇지만 우리 인생에서 쉼표와 숨구멍은 꼭 필요하다. 우리는 앞도 뒤도 돌아보지 않고 결과물만 산출하는 기계가 아니다. 그러니 30대에 시작한 어떤 낯선 시간, 새로운 도전은 실패와 성공을 떠나서 그 시간 자체로 음미할 만하다.

새로운 것을 시도하면 익숙하던 리듬, 반복되던 멜로디는 작은 파격이 된다. 그렇게 자동화된 프로세스가 깨진다. 새로운 의문이 마음에 들어오고 신선한 시각도 열린다. 어쩌면 정서적인 각성을 하게 될지도 모른다.

자동화된 감정과 판단에서 벗어나 '내가 왜 이걸 좋아하지?', '내가 이런 기분을 느낄 수 있었네'처럼 새로움이 들어온다. 감정을 중심으로 생활했다면, 논리로 가득 찬 철학책을 읽으며 당혹감에 빠져도 보고, 말로 표현하기 어렵거나 귀찮게 느껴졌던 외국어를 배워 보자. 낯선 소리에 담긴 특유의 민족성이

나 감성을 느끼게 될지도 모른다. 혹시 여행을 자주 간다면 그 나라 언어를 배우는 일도 신나는 시도가 된다.

낯선 것은 나를 바꾸는 일이 아니다. 그보다는 내 안에 이미 있었지만, 한 번도 불러보지 않은 이름을 꺼내는 일이다. 자기 가능성에 대한 정중한 호출이며, 여전히 진행 중인 삶을 살아가겠다는 용기다. 처음 하는 일을 앞에 두고 서툴고 어색한 자신을 마주할 때 우리는 겸손해진다. 때로 그런 어설픔이 우리를 웃게 한다.

이런 낯선 시간 덕분에 세상을 보는 눈은 넓어지고, 자기 자신을 다그치지 않는 법도 배우게 된다. 삶은 의외로 그런 사소한 '처음' 덕분에 방향을 조금씩 틀어간다. 기억에도 희미할 만큼 작은 시도, 한 번쯤은 해 볼까 했던 마음, 그 작은 문 하나가 나를 전혀 다른 풍경으로 이끈다.

그러니 오늘은 나에게 낯선 것을 하나 권해 보자. 익숙함의 벽을 살짝 옆으로 밀어 두고 말이다.

언제부터
웃는 게 어색해졌을까?

웃음은 단순한 표정이 아니라
얼굴 근육이 뇌에 긍정적인 감정 상태를 전달하는 신호이다.

웃는 건 사실 정말 중요하다. 우리나라 사람들은 특히 잘 웃지 않는다고 한다. 외국인들은 한국 사람들을 처음 만날 때 '왜 다들 표정이 이렇게 진지하지?' 또는 '이 사람들 화났나?' 하고 놀란다는 말을 더러 한다.

웃음에 대한 문화적 차이가 있다. 미국이나 캐나다 등 서구권에서 웃는 얼굴은 친절함과 자신감의 표시라고 여기기 때문에 처음 보는 낯선 사람에게도 웃으며 가벼운 인사를 건넨다. 그에 비해 우리나라와 동아시아권에서는 감정이 얼굴에 드러나지 않아야 더 긍정적으로 평가한다. 겸손이나 체면을 중요시해서 표정과 행동을 조심하는 편이다. 그러다 보니 알지 못하는 사이에서는 무표정 또는 화나지 않은 표정 정도가 기본값이다.

'갤럽'에서 매년 조사하는 글로벌 감정 리포트가 있는데, '어제 웃거나 미소 지었는가'와 같은 질문을 했을 때 파라과이, 니카라과, 콜롬비아 등의 중남미 국가는 80퍼센트 이상의 비율로 항상 높은 비율을 보이는 반면, 한국이나 일본은 약 60퍼센트가 '예'라고 답하는 등 중하위권에 머물렀다.

우리가 점점 더
웃지 않는 이유

대부분의 사람들은 길에서 낯선 사람과 마주쳤을 때 인사하지 않는다. 모르는데 인사하는 사람을 더 이상하다고 생각한다. 우리가 인사하는 사람은 몇 다리 건너서라도 연결되거나 어떤 식으로든 마주쳤기 때문에 아는 사람 혹은 일 때문에 만나는 사람 정도는 되어야 한다.

예를 들어 엘리베이터를 같이 탄 모르는 사람이 있다고 하자. 웃으며 인사하는가? 전혀 아니다. 그렇지만 적대감이 있거나 부정적인 감정 때문이 아니다. 그냥 서로 존중하되 인사하거나 웃지 않을 뿐이다. 그에 비해 서구권, 특히 미국이라면 엘리베이터에서 처음 만난 사람과 흔하게 인사한다. 짧고 가벼운 대화를 나누기도 한다. 길 가다가 맞은편에서 서로 눈 마주친 사람에게 웃으면서 인사한다.

왜 이렇게 다를까? 나는 그 이유가 문화적, 사회적 차이뿐만 아니라 산업화, 도시화로 인한 인구 밀집도 영향을 줬다고 생각한다. 사회심리학과 환경심리학에서도 인구 밀도, 도시 환경, 사람 사이 감정 표현 방식, 특히 웃음의 관계를 다룬 연구들이 있다. 밝혀진 바로는 인구 밀도가 높을수록 심리적 피로, 감각의 과부하, 사회적 소외감이 증가하며 그로 인해 사람들은 감정 표현을 줄이고 표정이 덜 풍부해지는 경향을 보인다.

인구 밀도가 높을수록 낯선 사람과의 상호작용은 최소화한다. 밀그램*은 이러한 현상을 '도시 과부하 가설'이라고 불렀다. 웃음이 흔한 미국이라 하더라도 뉴욕처럼 인구 밀도가 높은 도시에서는 낯선 이에게 일반적으로 잘 웃지 않는다. 그러

---

* Milgram, S. (1970). The experience of living in cities. Science.

다 보니 미국 내 다른 지역 사람들은 뉴욕 사람들이 무뚝뚝하고 유별나다고 느낀다.

환경에 대한 반응으로 웃음을 쉽사리 보이지 않는 모습이 적응적 방식이라 할 수는 있다. 그럼에도 웃는 행위는 정말 중요하다. 웃음은 단순한 표정이 아니라 얼굴 근육이 뇌에 긍정적인 감정 상태를 전달하는 신호이다.

웃음이 가져오는 생리적 효과도 놀랍다. 세로토닌과 도파민의 분비를 증가시키고 혈압을 낮추며 엔도르핀 분비로 면역세포를 활성화시켜서 면역력을 높인다. 스트레스 호르몬이라 불리는 코르티솔 호르몬은 감소시키므로 장기적으로 봤을 때 스트레스 억제 효과가 있다. 메이저리그 야구 선수들의 프로필 사진 속의 웃음 정도와 수명의 관계를 분석했던 어니스트 아벨과 마이클 크루거는 환하게 웃는 선수들이 무표정한 선수들보다 평균 7년 정도 더 살았다고 보고했다.

결국 많이 웃는 사람들은 긍정 감정을 조금 더 많이 경험하고 그러한 경험은 스트레스 억제와 신체 건강 증진에 기여하므로 결과적으로 삶의 질이 향상되고 기대 수명도 더 연장된다. 이쯤 되면 웃음은 마음의 근육이자 면역이라 할 수 있겠다.

웃으면
웃을 일이 생긴다

'표정 피드백 가설'에 따르면, 우리가 웃는 표정을 지을 때 우리 뇌는 그 표정을 피드백 받아서 감정으로 해석하고 처리한다. 뇌는 '아, 기분이 좋은 상태구나'라고 생각한다. 얼굴 근육 중에 눈가와 입꼬리 주변은 특히 자율신경계와 밀접하게 연결되어 있다. 설사 웃을 만한 감정 상태가 아니더라도 웃는 표정을 지을 경우에 미세하게 신경계 조절이 이루어져서 심리적으로 더 안정되고 스트레스가 감소된다.

감정 없이 웃더라도 긍정적 효과가 있음을 보여 주는 고전적인 실험이 있다. 스트랙 등(1988)이 했던 간단한 평가 연구이다. 참여자들은 펜을 입에 물고 만화를 보는데, 집단 1은 입꼬리가 올라가도록 했고 집단 2는 입꼬리가 내려가도록 했다. 전자는 웃는 표정이었고 후자는 시무룩한 표정이 되었다. 이후, 자신들이 본 만화가 얼마만큼 재미있는지 평가하라고 요청했을 때 웃는 얼굴을 한 집단에서 만화를 더 재미있다고 평가했다.

다만, 마음의 상태가 부정적이거나 스트레스가 심한데 억지로 웃는 표정만 짓는다면 부정적인 효과가 크다. 감정 노동*이 바로 그러한 예이다. 판매원이나 서비스업 종사자들 중에 기분이 상한 상태에서 웃어야 하거나 화가 났지만 친절한 표정과 말투를 제공해야 하는 경우, 자신의 업무의 일환으로 감정을 연기한다. 이러한 표면적 연기는 지속될 경우 정서적으로 번아웃이 되고 두통이나 소화불량, 피로감 등의 신체 증상이 생기며 우울과 불안이 높아질 수 있다.

억지로 웃는 상태만 아니라면, 신체적으로 웃음을 짓는 것이 긍정적 효과를 준다는 점이 중요하다. 누가 시켜서 웃는 웃음이 아니라 내가 선택해서 자율적, 자발적으로 웃는다면 설사 시간이 아주 짧더라도 가볍게 기분 좋은 느낌이 든다. 앞에서 언급한 감정 노동자들도 온전한 자기만의 시간에 웃는 표정을 짓는다면 회복 효과가 있다.

우리가 계산 없이 진짜 웃을 때에는 원초적인 뇌 영역인 편도체와 시상하부가 활성화된다. 이 부위는 감정을 다루는 중추다. 그에 비해 가짜로 웃을 때에는 생각이나 의도가 개입되

---

* 감정노동이라는 개념을 처음 정립한 사람은 혹실드로 그는 〈The Managed Heart〉(1983)을 저술했다. 거기서 '항상 미소 지으라는 요구는 감정적 착취'라고 주장했다. 감정도 착취의 대상이 될 수 있음을 밝힌 것이다.

는 전두엽이 활성화된다.

　나는 아침 일과를 시작할 때 세수하고 거울을 보면서 웃는 표정을 한 번씩 짓는다. 무표정할 때보다 생기 있어 보인다. 그렇게 아침에 한 번, 저녁에 한 번, 최소 두 번은 웃는다.

작은 습관이 쌓여
당당함이 된다

한 번, 하루, 한 주는 별것 아닐 수 있지만,
어떤 행동을 꾸준히 하면 그렇게 축적된 행동은 진짜가 된다.

말과 행동은 습관이다. 들었을 때 참 좋았던 말이 있다면 하루에 서너 번씩 그 말을 따라 해 보자. 습관이 될 때까지 한다. 습관은 한 번 몸에 배고 나면 자동적으로 나오기 때문에 좋은 습관을 들이면 기분이나 분위기와 상관없이 평상시에도 기본 태도로 정착된다.

예를 들어, 말투는 그 사람의 품격을 보여 준다. 아주 오래전 영화인데, 오드리 햅번이 나왔던 〈마이 페어 레이디〉를 보면, 런던 빈민가에서 꽃을 팔며 겨우 생계를 유지하던 일라이자 두리틀(오드리 햅번 역)은 사람의 억양과 발음, 말투가 달라지면 품격이 달라진다고 주장하는 음성학자 히긴스 교수를 만나 말투를 고친다. 그리고 그의 인생이 달라진다.

말투와 어휘는 종종 특정 집단에 우리를 연결하는 역할을 한다. 그 또래에 속하기 위해서 '헐'과 같은 신조어를 사용한다든가, 비속어를 많이 사용하는 게 그러한 예다. 자신이 원하지 않아도 주변에서 특정 어휘를 사용하기 바라는 압박을 주면 거기에 휩쓸리게 된다.

어느 날, 나는 아들이 수강하는 인터넷 강의 속 일타강사가 욕설을 섞어 강의하는 모습을 우연히 보게 되었다. 이후 욕을 쓰게 된 사연도 알게 되었는데, 학생들이 하도 강의를 들으며 졸아서 내용을 설명하며 강조해야 하는 부분에 잠깐 욕설을 넣어서 했더니 반응이 너무 좋아서 쓴다고 했다. 이해가 되면서도 학생들도 그 강사도 그렇게 내몰리는 입시 상황이 안쓰러웠다.

새로운 습관을 들이려면 대략 두 달 정도의 연습이 필요하다. 습관 형성에 소요되는 기간을 연구했던 심리학자들은 66일 정도라고 말하는데, 약간의 개인차는 있다. 어떤 사람은 단박에, 다른 사람은 두 달보다 더 긴 기간을 필요로 한다. 그렇지만 원하는 좋은 습관이 무엇이든 두 달을 지속하면 일단 고비는 넘은 셈이다.

습관은 결국 그 사람의 정체성을 형성한다. 잠에 든 김유신을 태운 채 늘 가던 곳으로 갔던 말처럼, 습관은 우리가 늘 하는 행동과 말로 우리 정체성을 만든다.

매일 조금씩이라도 글을 쓰면 언젠가 그 사람은 자기 스스로를 글 쓰는 사람이라고 말할 수 있게 될 것이다. 매일 운동을 하는 사람이라면 그 사람은 건강을 지키고 자기 관리에 힘쓰는 사람이라고 스스로 인식하게 될 것이다. 한 번, 하루, 한 주는 별것 아닐 수 있지만, 그 행동을 꾸준히 한다면 그렇게 축적된 행동은 진짜가 된다.

의지력이 약한 나를 위한 '친-자기' 환경

남들과 비교하지 말고 내 갈 길을 꾸준히 걸어야 함도 알겠고, 좋은 습관이 중요함도 알겠다고 하자. 그런데 대부분은 의지가 약하다. 지치면 아무것도 못한다. 그렇게 이틀, 삼일 지나면 나약한 자신에게 실망스러워서 말짱 도루묵이 된다.

나는 20대에는 몸을 좀 혹사하거나 어느 날 하루를 탕진하듯이 에너지를 쓰더라도 그다음 날이나 다음다음 날이면 채워지곤 했다. 밤을 새서 과제를 하더라도 새벽에 끝내면 놀러 갈 힘이 남아 있었다. 해야 할 일이 많은데 시간이 없으면, 그냥 밤을 샜다. 보고서 하나를 쓰는 것도 컴퓨터가 아닌 손으로 쓰던 시절이라, 뭐 하나 해내려고 하면 모두 시간이었다.

서른 무렵부터는 몸을 혹사하면 여기저기 그 흔적이 발생했다. 어느 날은 허리를 삐끗해서 며칠 움직이기 어려웠고, 급하게 서두르다 발목을 다치기도 했다. 컨디션이 좋다면 일어나지 않을 일이었다.

마흔이 넘어서야 산을 다니게 되었다. 산길을 걷다 보면 조금씩 채워지는 느낌이 들었다. 몸이 내게 고맙다고 말하는 것 같았다.

자, 마흔까지 기다리지 말고 지금 할 수 있는 방법을 생각해 보자. 그중 주변 환경을 자신에게 좀 친절하게끔 만드는 방법을 쓰자. 원하는 행동을 하기 쉬운 환경으로 바꿔 보자. 이를테면, 책을 좀 더 가까이 하고 독서가 습관이 되기를 바란다면 가까운 곳에 책을 듬성듬성 던져 놔야 한다. 손에 잡기 쉬운 위치에 둔다. 정돈이 덜 되어 보일 수는 있겠지만, 독서 습관을 붙이는 게 중요하다.

SNS를 보고 자꾸 나와 누군가를 비교한다면, 해당 앱을 덜 보게끔 환경을 바꾼다. 홈 화면에서 앱을 지우거나 아예 앱을 탈퇴하거나 핸드폰 거치대를 침대에서 아주 멀찌감치 떨어뜨려 놓는 것도 방법이다. 환경 자체를 '앱 디톡스'를 할 수 있게 만들어야 한다. 작심삼일이라면, 일주일 동안 삼일 중 이틀이라도 꼭 해야 한다고 생각해 보자. 뭐든 정의하기 나름이다.

사람들의 의지력은 사실 거기서 거기다. 아프거나 피곤하거나 의기소침해지거나 불안해지거나, 여러 마음의 변주는 우리 의지를 흔들어댄다. 그러니 '나는 왜 이것도 못할까?'라고 질문하지 말고 주변 환경을 최대한 자기가 원하는 행동을 이끌어 내기 좋게 조성하자.

실천하기 어려운 환경인 상태에서 왜 나는 이것밖에 못하냐고 몰아붙이기보다는, 어떻게 하면 내가 원하는 행동과 습관을 잘 만들 환경으로 꾸밀지 생각하고, 그렇게 자신에게 친절한 환경으로 주변을 바꿔 보자.

실패가 아닌
또 다른 기회

실패에서 벗어난 사람들이 경험으로부터 배우는 것 중 하나는,
자신의 인생의 최종 책임자는 자기 자신이라는 점이다.

경수 씨는 공대를 나와서 컴퓨터로 유명한 회사에 취업했다. 인간관계도 괜찮고, 능력도 인정받고, 직장생활은 나쁘지 않았다. 그렇게 2~3년 정도 회사 생활을 했는데 하고 싶은 일이 생겼다. 다만, 그 일의 전망이 밝지는 않았다. 삼십대 초반이 되어서 뭔가 새로 하려고 하니 실패할까 봐 겁도 났다. 쌓아 온 커리어와 다른 길을 간다는 사실도 두려웠지만 겉으로 내색하지 않으려고 했다. 실패가 진짜 기회가 될 수 있을지 걱정스러웠다.

새로운 결정이 두렵다는 느낌은 너무나 자연스러운 감정이

다. 아직 여전히 젊지만 '청춘이니까 괜찮아'라는 위로는 자신에게 맞지 않는 말처럼 느껴지고, 어느 정도 쌓아둔 커리어도 버리자니 아깝고 새로운 길은 위험으로 느껴진다. 우리 사회는 실패에 관대하지 않으니 말이다.

"괜히 그랬다가 기존에 누리던 것만 날리는 거 아니야?"
"그 나이에 왜 딴짓을 해?"

실패는 그저 새로운 과정일 뿐이다

누구나 실패를 반기지 않는다. 실패는 어떻게 해서라도 피하고 성공은 두 팔 벌려 환영하고 싶은 마음이 솔직한 마음이다. 하지만 현실적으로 넘어질 위험을 무릅쓰지 않으면 도약할 수 없고, 뛸 수 없고, 걸을 수조차 없다. 걷는다면 항상 넘어질 위험이 있고, 뛴다면 그 위험은 증가한다. 사람들은 자신이 하지 못한 일을 마지막까지 후회한다. 가늘고 길게 안주하는 것은 썩은 동아줄을 잡는 행위일 수 있다.

뭔가에 대해 '실패했다'라고 느낄 때 사람들은 그러한 처지를 너무 심각하게 여긴다. 실패라는 단어가 주는 무게가 견딜 수 없이 무겁게 느껴진다. 그러나 사실 삶에서 진짜 실패라고 부를 만한 일은 별로 없다. 굳이 찾자면 스스로 극단적인 선택을 하거나 자기파괴적 시도들이 '처참한 실패'에 속할 것이다.

실패는 그 자체로 하나의 사건이 아니라, 사건 이후에 우리가 겪는 의기소침한 감정의 복합체다. 만약 실망스러운 결과를 접했지만 그 일을 겪고 나서 '그래, 이 길이 아니면 이쪽 길로 시도해야겠어'라고 마음먹는다면, 그 실망스러운 결과는 결코 실패가 아니라, 그저 과정일 뿐이다. 모든 삶의 경험이 다 그렇지만 무엇이라고 이름 붙이느냐에 따라서 의미는 달라진다.

실패에서 벗어난 사람들이 경험으로부터 배우는 것 중 하나는, 자신의 인생의 최종 책임자는 자기 자신이라는 점이다. 다른 사람의 의견을 구하고, 어떻게 하면 좋을지 묻고 타인의 이야기에 귀 기울였을 것이다. 그래서 뒤돌아보면, '아, 그때 그 사람 말에 귀 기울이지 말 걸!' 하는 후회가 있을 수도 있고, '그때 그 사람 말을 좀 더 들을 걸' 하는 자책을 할 수도 있다.

어떤 선택을 하더라도 후회는 따라오기에 자기 삶의 경로는 자신이 선택해야 한다. 어느 순간에는 자신을 믿고 걸음을 떼야 한다. 그렇게 뗀 발걸음이 엉뚱한 곳으로 갔더라도, 다리 근육과 마음의 힘을 키우는 시간이었을 테다.

포기하지 않으면
변화는 언제든 찾아온다

'유창성 착각'이라는 심리학 용어가 있다. 유창성 착각이란, 어려운 일을 쉽게 해내는 사람을 보면서, 그 일이 어렵지 않고 손쉽게 할 수 있는 일이라고 생각하는 현상이다. 예를 들면, 한때 SNS에서 '슬릭백 춤'이 유행했다. 마치 공중에 떠 있는 듯한 걸음걸이를 보여주는 동작인데, 빠른 발놀림 때문에 그런 착시가 생기는 신기한 춤이다. 슬릭백 춤을 잘 추는 중학교 3학년 남학생의 동작을 보고 있노라면, 조금만 연습하면 따라할 수 있을 듯 싶다. 하지만 실제로 해 보면 어림도 없다. 이것이 바로 유창성 착각이다.

반대로, 나에게는 정말 어려운데 다른 사람에게는 정말 쉬워 보이는 일이 있다. 특히 기대했던 노력 수준보다 더 많은 노력이 요구될 때 그런 생각이 든다. 사실 다른 사람들도 어려워하는데, 차이가 있다면 그 사람들은 참고 계속 하는 것뿐이다. 예를 들어, 장거리 산행을 하는 사람들이 잘 걷고, 오래 걷는다고 산행이 힘들지 않을까? 아니다. 그 사람들에게도 산행은 힘든데, 그냥 끝까지 완주하기 위해 그저 걸을 뿐이다.

다시 돌아와서, '해낼 수 있다'라는 믿음은 그냥 걷는 일과 같다. 힘들지 않은 사람은 없지만 끝까지 해낼 뿐이다.

우리는 삶에서 이런 순간들을 끊임없이 찾아 나선다. 어떤 회사에 입사했다고 해서 그것이 곧 실패도 성공도 아니다. 그저 입사일 뿐이다. 여러 종류의 새로운 시작은 인생의 변곡점이 될 수 있지만, 그 자체로 최종적인 실패나 성공을 의미하지는 않는다.

인생은 중간에 극단적으로 포기만 않는다면 얼마든지 다르게 흘러간다. 심지어 포기했다가 일어나는 사람도 정말 많다. 삶은 늘 예측과 다르다. 예측할 수 없으니 멋대로 살아도 된다거나, 아무것도 기대하지 말라는 말이 아니다. 흐름에 맡기되, 어느 한 지점에서 지레 결론을 내리지 말자는 뜻이다. 흐름 안에서 자신에게 새로운 기대를 걸어 보자.

성취감을 쌓아가는 심리 기술은 성공이라는 이름에만 모든 것을 '올인'하지 않는다. 색깔이 하나면 그 색깔을 제대로 느낄 수 없다. 한번 생각해 보라. 당신이 어떤 방에 들어갔는데, 그 방에 위아래 사방이 모두 한 가지 색깔이라고 하자. 그러면 당신은 이내 색이 밝은지 어두운지 선명한 색인지 알기 어려울 것이다. 하나라도 다른 색이 있어야 각각의 색을 인식한다.

성취감도 마찬가지다. 성공해야겠다는 목표만 바라보고 산다면, 목표를 이룬 다음 기쁨은 이내 사라지고 허무해질지도 모른다. 우리는 성공 외에 다른 색깔의 시간이 필요하다. 포기하지 않고 견뎠던 시간, 막연하지만 긍정적인 태도를 가지려 노력했던 시간, 허탈할 땐 웃어 보려던 시간, 용기 내어 뭔가를 선택했던 시간 등 그 모든 시간들이 어우러져 우리를 성장시키고 인생의 주인이 되게끔 만든다.

많은 사람들이 말하기를, 진짜 성장은 확신할 때 발생하지 않고 불확실하고 요동치고 혼란스러울 때 마침내 일어난다고 한다. 아마도 그럴 것이다. 성장은 어색하기도 하고 불편하기도 한 두근거림 속에서 그것을 견뎌낼 사람에게 발생한다. 오죽하면 '성장통'이란 말이 있을까.

애쓰고 있는 나에게 건네는 솔직한 말

애쓰고 있는 자신에게 솔직해지는 연습을 해 보는 공간입니다. 떠오르는 생각이나 감정을 편하게 적어 보세요. 완벽할 필요는 없습니다.

Q. 무안함을 느낄 때, 당신은 어떻게 대응하나요?
_____
_____

Q. 마음에 남은 감정 때문에 고생한 적이 있나요?
_____
_____

Q. 내 마음을 제대로 마주하기 어렵다면, 그 이유는 무엇인가요??
_____
_____

Q. 나는 꾸물거리는 사람인가요?
_____
_____

Q. 시간의 압박 속에서 나만의 방법을 찾은 적이 있나요?

Q. 요즘 즐거운 일이 자주 있나요?

Q. 웃고 싶을 때, 나는 무엇을 하나요?

Q. 가장 고치기 어려웠던 습관은 무엇인가요?

Q. 실패를 겪었을 때, 나는 어떻게 회복하나요?

5장

애쓰지 않고, 있는 그대로 나답게

괜찮은 내가 되는 연습

감사 일기,
어른을 위한 보물찾기

하루 세 줄 감사 일기로도
우리 삶은 꽤 충만해진다.

스물과 서른은 '노화'라는 단어가 아직 어울리지 않는다. 여전히 젊고 가능성이 많고 걸어야 할 인생길이 펼쳐진 나이이기 때문이다. 그렇지만 성장이 멈춘 나이부터 노화는 차츰 진행된다. 태어나서부터 죽음에 이르는 여정의 어느 지점에 있다고 본다면, 그 길 위에서 노화는 서서히 시작되어 죽음으로 마무리되기 때문이다.

노화를 몸과 마음의 두 가지 버전으로 나누어 보자. 몸의 노화는 탄력과 재생회복력이 떨어지는 것으로 가늠하고, 마음의 노화는 재미의 상실과 무기력으로 가늠한다.

그중 재미의 상실은 꽤 큰 문제다. 소소하든 아니든 재미는 삶의 에너지 원천이다. 뭔가 재미있는 일이 하나도 없다면, 언제까지 얼마만큼 버틸 수 있을까? 행복에서 재미가 차지하는 비중은 꽤 크다. 그렇다고 1년 365일을 빈틈없이 재미있을 필요는 없다. 그러나 1년 중 며칠은, 적어도 몇 시간 또는 몇 번 정도는 설레는 마음으로 기다려지는 자신만의 재미가 필요하다. 그리고 그 재미를 감사와 연결해 보자.

최근에 나에게 가장 긴장되던 시간은 아이의 입시를 뒷바라지하던 동안이었다. 새벽 동트기 전에 일어나는 삶에 어쩔 수 없이 익숙해져야 했던 나는, 일출의 순간을 사진 찍는 재미로 보냈다. 매일의 일출이 조금씩 달랐다. 대체로 찬란한 붉은색과 노랑, 그 사이의 다양한 주황색이 퍼졌지만, 구름이 가득한 날에는 경이로움을 주는 진회색과 청회색을 만났다.

아파트 옆 툭 터진 하늘이 서서히 붉게 물들면 얼른 사진 한 장을 찍고 아침 식사를 준비했다. 매일 보는 태양인데 뭐 그리 특별하냐고 물을지도 모른다. 그래도 그때 찍은 일출 사진 덕에 내 삶에 잔잔한 재미가 있었음은 두말할 나위가 없다.

소소한 재미를 되새김질하며 음미하다 보면 감사하는 마음이 생긴다. 감사하는 마음은 매우 강력한 자양강장제이다. 감사는 기본적으로 자신이 받은 혜택 또는 선의를 인식하고 고마움을 느끼며 그것을 표현하는 감정 상태를 의미한다. 감사도 웃음만큼이나 스트레스를 감소시키고 신체 건강을 향상시킨다. 더불어 인간관계도 개선시키며 전반적인 정서 상태를 긍정적인 방향으로 바꾼다.

감사를 연구한 심리학자들은 꽤 많다. 로버트 에먼스는 연구 참여자들을 세 그룹으로 나누어 각각 매주 감사한 일, 짜증 나는 일, 발생한 일 등을 기록하게 했다. 10주가 지났을 때 집단 간 비교에서 밝혀진 사실은 감사한 일을 기록했던 사람들이 훨씬 더 낙관적이고 자신의 삶을 긍정적으로 평가했다. 그뿐만이 아니라 신체 건강까지도 더 좋아졌다.

마음의 자양강장제, 감사 일기 쓰기

긍정심리학의 창시자인 마틴 셀리그먼은 감사 편지 쓰기 실험을 하며 참여자들이 감사하는 사람에게 직접 편지를 써서 전달하도록 했다. 이 행위는 단 한 번만 하더라도 우울감이 즉시 감소했고 그 효과는 한 달 이상 유지되었다. 윙과 브라운(2017)은 감사 일기의 효과를 입증했다. 잠들기 5분 전 감사 일기를 작성한 참가자들은 작성하지 않은 사람에 비해 수면 시간이 빨라지고, 깊은 수면 단계도 늘어남을 확인했다.

감사 일기를 적어 보자. 길게 쓸 필요는 없다. 하루에 세 줄이면 충분하다. 중요한 것은 매일 쓰는 행위다. 하루 중 어느 시간이라도 좋다. 그날 하루를 돌아보고 마무리하면서 감사함을 적으려면 일과를 마무리하는 시간이 좋다. 거창한 일이 아니어도 된다. 작고 사소한 것에도 감사하며 적는다. 감사 일기를 적으면서 고마웠던 순간의 느낌도 적으면 더욱 좋다. 예시를 살펴보자.

감사 일기 예시 ①: 기본형

출근길에 화창한 하늘을 보면서 걷는 기분이 좋아서 감사했다.
점심시간에 맛있는 파스타를 먹을 수 있어서 감사했다.
엄마랑 오랜만에 통화해서 즐거웠고 감사했다.

감사 일기 예시 ②: 감정 플러스형

아침에 고양이가 내 배 위에서 골골

→ 따뜻하고 행복한 느낌. 감사했다.

우리 팀 보고서 마감 전인데 마무리하고 제출

→ 무난하게 잘 처리. 다행, 감사했다.

오늘 저녁에 별이 정말 많이 보이네.

→ 경이롭다, 감동이야. 감사했다.

감사 일기 예시 ③: 테마형(주제별)

오늘은 '사람'에 대해 감사!

단골 가게 아주머니가 도시락을 맛있게 만들어 줘서 감사했다.

복도에서 만난 선배가 밝게 인사해 줘서 고마웠다.

회사 들어오는데 앞 사람이 문을 잡아 줘서 감사했다.

감사 일기를 쓸 때 아날로그 감성으로 종이에 펜으로 쓰는 방법을 추천한다. 따로 시간 내기가 어려워서 핸드폰에 직접 하고 싶은 사람들은 애플리케이션을 이용하자.

배려는
가장 조용한 아름다움이다

배려는 자신에게도 타인에게도
희생을 강요하지 않는 것이다.

나는 '배려는 지능 순'이라고 생각한다. 행복은 성적순이 아니지만 배려는 지능 순이다. 그 지능은 상대의 입장에서 생각하고, 그 생각을 행동으로 옮기는 섬세한 '감정 지능'이다. 그래서 배려란, 두드러지게 눈에 띄지는 않지만 한 사람의 깊이와 아름다움을 가장 잘 보여 주는 방식이 아닐까 싶다.

배려는 지구라는 박스 속에 담긴 충전재다. 그 충전재 덕분에 우리가 부딪히지 않고 상하지 않으면서 서로 평화롭게 살아간다.

배려는 때로 시간일 수도 있고 고요함일 수 있고 살짝 짓는 웃음이거나 사려 깊은 말일 수 있다. 하고 싶은 말이 있는 사람이 지금 그 말을 하면 괜찮은지 생각하는 순간이 배려이며, 말하기보다 침묵을 선택해서 조용히 머무르는 일도, 상대가 소화할 수 있는 부드러운 어휘를 골라 잘 전달하는 일도 모두 배려다. 도움을 주는 사람이 도움을 받는 사람의 자존감을 해치지 않도록 세심하게 마음을 내는 것도 배려다. 물론 도와주는 모습 자체로도 충분한 배려다. 사람마다 지닌 개성을 인정하고 그러한 다름을 억지로 바꾸려 하지 않는 마음도 배려다.

착한 사람으로 보이려는 어른은 자기 자신을 지우고 남에게 자신을 맞춘다. 그렇게 억누르다가는 언젠가 억울함이 커져서 모든 것을 그만두고 싶어질지도 모른다. 그러한 자기 희생과 달리, 배려는 자신에게도 타인에게도 희생을 강요하지 않는 것이다. 다만 입장을 헤아릴 수 있기 때문에 그러한 헤아림의 힘에서 비롯된 친절을 건넨다. 그렇기에 배려는 마음이 단단하고 강한 사람이 잘한다.

앞에서 행복과 웃음을 이야기하면서, 행복해서 웃기도 하지만 웃어서 행복해진다고 말했다. 배려도 마찬가지다. 마음이 강한 사람이 배려할 줄 알고, 배려를 연습하며 마음이 강해지기도 한다. 원인과 결과의 관계는 항상 서로 바뀔 수 있음을 잊지 말아야 한다.

누구나 할 수 있는
배려의 기술

정말 다행히도 배려는 어느 정도 배울 수 있다. 배려를 연습함으로써 마음이 강한 사람이 되어 보자.

첫째, 관찰이다. 작은 신호를 감지하는 배려는 관찰에서 시작된다. 상대의 말, 표정, 움직임, 속도, '괜찮다'라고 말하는데 정말 괜찮은지, 때로는 담백하게 말 그대로 믿고, 때로는 차마 꺼내지 못한 짐이 있는지 살핀다. 그래서 관찰을 잘하는 사람은 상대가 쉽게 자기 마음을 툭 던져놓을 수 있는 분위기를 제공한다.

둘째, 때를 기다린다. 같은 말을 하더라도 상대방이 받을 때가 있고 받기 어려운 때가 있다. 지금이 어려운 때라면, 잠시 내 입 안의 말을 멈춘다. 기다려 준다.

셋째, 상대방의 자존심을 보살핀다. 우리의 자존감은 어이없는 말 한 마디로 꺾이기도 하고, 배려 깊은 말 한 마디로 살아나기도 한다. 도와주는 입장에서 굳이 그 관계를 말로 확인시킬 필요가 없다. "거 봐, 네가 제대로 못 할 줄 알았다"와 같은 말보다는 "혹시 내가 같이 할 수 있는 게 있을까?" 정도면 충분하다.

넷째, 어휘를 골라서 입에 담는다. 진짜 '아' 다르고 '어' 다르다. 상대의 마음을 해치지 않을 어휘, 상대에게 위로가 될 어휘, 기운을 북돋워 줄 어휘를 골라 본다. 마치 선물을 주는 마음으로 그 어휘를 사용한다.

물론 상대방이 무례하게 반응한다면 배려하기가 매우 어렵다. 일면식도 없는 사람이거나, 직장에서 자주 만나는 관계인데 무례하다면 마음이 상한다. 하지만, 상대의 무례함에 휘둘리지 말자. 상대의 무례함은 상대방의 것이다. 내 마음까지 그 사람의 영역으로 갈 필요가 없다.

무례한 상대를 만났을 때에는 '(상대에게) 잘해 줘야지'라고 생각하지 말고, '나의 품위를 잃지 말자'라고 중심을 잡는다. 품위를 잃지 않도록 나 자신을 먼저 배려하자. 그런 다음 상대에게 어떤 태도나 어떤 말을 할지 결정하자. 어쩌면 짧은 말로 상대와 최소한으로 엮이는 편이 배려일 수도 있다.

예를 들어, 당신이 반려견을 데리고 산책을 한다. 바로 앞에서 어떤 낯선 사람이 "에이, 요즘은 아무데나 개를 끌고 다녀서 온통 개똥밭이야"라고 화를 낸다고 해 보자. 그 사람은 아마도 반려견을 데리고 가는 당신을 겨냥해서 기분 나쁜 말을 했을 것이다. 굳이 그 무례함에 휘둘릴 필요가 없다. 만약 뭔가를 요구하거나 묻는다면 되도록 짧게 "아, 네!"라고 분명하게 답하고 가던 길을 간다. 그렇지 않다면 불필요하게 싸우거나 기분이 상할 일이 생긴다.

상대방의 무례함에 똑같이 대응하지 않고, 불쾌한 상황에서도 품격 있는 태도를 추구하며 자신의 경계를 지키는 사람은 단단하고 강인하다. 아마도 그 사람은 도움이 필요한 상황에서 기꺼이 적극적인 배려의 손길을 꺼낼 수 있을 것이다.

때로 상대가 눈치 채지 못하는 배려도 할 수 있다. 굳이 상대에게 알려야 할 필요는 없다. 나 자신이 알고 있으니 굳이 한 사람 더 늘리지 않아도 된다. 배려가 쌓이면 숨기고 싶어도 숨

겨지지 않는다. 아끼고 존중하는 시간과 마음 씀씀이는 결국 우리 주변에 소중한 사람들을 오래오래 함께 하도록 연결시킨다. 그것이 연대다.

친절하지만
무례함에 침묵하지 않는 법

무례함을 겪는 상황에서 길게 구구절절 설명하거나
말을 계속 이어나갈 필요는 없다.

몇 년 전, 아들이 고등학교에 입학했을 때의 일이다. 아들은 집 근처에서 지갑을 잃어버리고 왔다. 지갑 안에는 체크카드와 청소년증이 있었고 3만 원 정도의 현금이 있었다. 그런데 이틀 뒤, 집 문 앞에서 쪽지와 지갑을 발견했다. 다정한 글씨로 편의점 앞에서 주웠다며 청소년증에 적힌 우리 집 앞에 두고 간다고 했다.

지갑 안에 물건을 다 찾았음은 말할 것도 없고, 그 다정한 글이 내내 잊히지 않았다. 나는 이 사연을 혼자 알고 있기 아쉬워서, 내가 가입한 지역 맘카페에 그 쪽지를 찍은 사진과 사연을 나눴다. 댓글이 우르르 달렸다. 다들 이름 모를 그 사람의 배려와 따뜻함에 행복해하고 우리 동네가 참 좋다는 얘기로 덕담을 나눴다.

  친절만큼 좋은 게 또 있을까? 친절함은 인간관계 최고봉이다. 우리는 우리 자신에게도, 가까운 사람에게도, 낯선 사람에게도 다정하고 친절할 수 있다. 비록 사회가 각박해지고 스트레스 수치는 높아지고 어이없는 일이 많아진다 하더라도, 우리 안의 친절함까지 말살시킬 수는 없다. 작고 연약한 존재에게 친절한 마음은 얼마나 소중한가. 나이 들고 약해진 존재에게 친절함도 꼭 필요하다. 우리는 누구나 작고 약하게 태어나서 나이 들고 약해지기 때문이다.

  사람뿐만 아니라 동물과 환경에도 친절은 중요하다. 어느 날, 관광지에서 만난 어떤 연인은 자기들 인생 사진 건지겠다고 벚꽃 가지를 사정없이 흔들고 있었다. 나도 벚꽃을 정말 좋아하고 꽃 사진 찍기를 좋아하지만 벚꽃을 괴롭히고 싶은 마음은 없다. 한 마디 해야 하나 고민하다가 말을 한다고 알아듣지 않을 것 같아서 그만두었다. 그와 비슷한 상황을 볼 때마다 사실 고민된다. 모른 척하는 편이 맞을까? 친절함을 실행하기도, 무례함에 침묵하지 않기도 쉽지 않지만 내게는 후자가 더 어렵다.

무례함에
대처하는 기술

아마도 어렵게 느끼는 마음 이면에는 '말해 봐야 소용도 없어'라는 생각이 강하게 자리하기 때문이다. 사실, 무례함에 대처할 때 상대에게 말하는 행위는 상대를 변화시키겠다는 의미가 아니다. 그보다는 나의 감정과 가치를 지키는 반응으로 무례 앞에 침묵하지 않는 것이다. 예를 들어, 무례한 농담을 들었을 때, 괜히 긁어 부스럼이 될까 그냥 허허 넘기거나 못 들은 척 넘기는 사람들이 있다. 하지만 분명하게 말하자.

"그건 웃긴 농담은 아닌 거 같아요."
"그 이야기는 조금 선을 넘은 듯하네요."

자신의 감정을 알리는 게 도움이 되는 관계라면, "그 말은 저를 불편하게 했어요"라고 할 수도 있다. 상대방이 비꼬는 말투로 비아냥댄다면, 역시 모르는 척할 수도 있고, 아니면 이렇게 말할 수도 있다.

"그런 말씀은 제게 무례하게 들렸습니다."
"○○ 씨가 이렇게 말씀하시면 제가 존중받지 못하는 느낌이 들어요."

무례함을 겪는 상황에서 길게 구구절절 설명하거나 말을 계속 이어나갈 필요는 없다. 하지만 못 들은 척, 괜찮은 척 애써 참고 넘어갈 필요도 없다. 마음에 무거운 돌덩이를 남기지 말고, 예의를 갖춰서 돌덩이를 피해 보자.
다음은 돌덩이를 피하는 두 가지 기술이다.

첫째, 무례한 사람에게는 문어체를 쓰자. 구어체 말고 문어체가 좋다. '아' 다르고 '어' 다른데, 내 감정을 지킨다고 해서 상대방에게 "저 지금 기분 나빠요"라고 직설적으로 말할 필요는 없다. 혼잣말인 것처럼 '하, 진짜…'와 같은 말을 하는 건 절대 삼간다. 또 다른 싸움만 낳을 뿐이다. 그보다는 약간 감정에 거리감을 두고 문어체로 표현해 보자. "저는 그 상황이 불편하게 느껴졌습니다"처럼 거리감 있게 표현할 수 있다.

둘째, 무례한 상대를 비난하지는 말자. 상대방의 삶은 상대의 선택이고 상대의 몫이다. 내가 할 말은 상대와의 관계에서 내가 받은 영향을 언급하는 것으로 충분하다. "왜 그러셨어요?", "왜 그런 말을 하세요?"와 같은 지적은 상대에 대한 비난이 되기 쉽다. 그러니 내가 받은 영향, 이를테면 "그 말씀에 제가 위축됩니다"와 같은 사실만 전달하자.

다정함과
단호함 사이에서

무례함은 우리 삶 곳곳에서 발견된다. 인류애를 유지하려면 포털 뉴스를 그만 봐야겠다 싶을 때도 있다. 길고양이에게 밥을 못 챙겨 줄지언정 일부러 죽으라고 쥐약 넣은 밥을 두는 사람들이 그렇다. 세상은 넓고 공격성은 다양하다. 우리 인류는 친절하게 살다가는 종말에 이르는 저주에라도 걸린 걸까.

그래도 찾아 보면 훈훈한 사연들도 꽤 있다. 택배 아저씨들을 위해 음료를 밖에 둔 사람, 산불 현장에서 애쓰는 소방관들을 위해 무료 커피와 식사를 대접하는 사람, 무거운 짐을 대신

들어 주고 아픈 사람을 도와주며 기꺼이 누군가를 먼저 돕는 사람들이 있다.

선행은 전염된다. 감기가 공기 중으로 전파된다면, 선행과 친절은 분위기로 물든다. 친절한 미소, 친절한 행동, 친절한 답변이 퍼진다. 도시를 구성하는 표지판이나 녹색과 핑크색 고속도로 주행유도선, 횡단보도 앞 햇빛 차양막 등에도 친절함은 깃들어 있다. 친절함은 인류가 생존하는 한 끊어지지 않는다. 친절은 연대의 증거이기 때문이다. 언제라도 나는 네가 될 수 있고, 너 역시 내가 될 수 있음을 알기에 서로에게 친절할 수밖에 없다.

어느 해에 나는 다리를 다쳐서 목발을 짚고 다녔다. 병원에 가기 위해 건물에 들어서는데 유리문이 육중했다. 균형을 잘 유지하고 문을 열려고 하니 생각보다 어려웠다. 그 순간 저쪽에서부터 어느 아주머니가 뛰어오시더니 문을 열었다. 덕분에 나는 목발에 의지해서 쉽게 건물로 들어섰다. 나는 그날 부서진 발목을 가진 약자로 그 연대의 친절함을 누렸다. 뛰어오던 속도는 내 마음에 잘 아로새겨졌다. 그 속도는 친절함의 기준이 되었다.

선을 긋는
말하기 연습

조언이 선을 넘는다 싶으면
"고마워, 생각해 볼게"라고 선을 긋는다.

경계는 참 중요하다. 그래서 어렸을 땐 '땅 따먹기' 같은 놀이가 있었던 게 아닐까. 내 땅인지 네 땅인지 선을 긋는 일종의 연습이었다.

건강하게 사는 마음 연습 중 하나는 이것이 내게 속했는지 네게 속했는지를 구분하는 것이다. 구분이 잘 안 되는 상태에서는 다 뒤죽박죽이다. 선 넘는 사람이 있을 때, '아, 구분이 잘 안 되고 있구나'라고 나라도 깨달으면 된다. 깨닫고 나면, 문제가 탑승한 열차는 나와 다른 선로를 달리게 된다.

경계를 세우려다가 주춤할 때가 있는데, 바로 '경계를 벽이라고 느낄 때'이다. 경계 설정이 다른 사람들에게 벽을 세우는 행동이라고 느끼면 제대로 경계를 설정하기 어렵다.

심리학적으로 건강한 경계는 '벽'이 아니고, 기능을 잘하는 '문'이라고 봐야 한다. 문은 닫을 수도, 열 수도 있다. 필요한 때는 열고, 닫아야 할 때는 닫는다. 항상 열려 있는 문은 무방비하게 노출된다. 그래서 경계가 없는 사람은 자신의 일과 타인의 일을 구분할 줄 모르고 부탁을 거절하지 못하며 상대가 원치 않는 오지랖을 부리기도 한다. 결국 자신도 피곤하고 상대방도 싫어하게 된다.

가까운 사이에도 경계가 필요하다

때로 주변에서 우리가 경계를 설정하기를 반기지 않기도 한다. 가족이라는 이름으로 구분을 애써 뭉개는 경우도 많은데, 어느 지점에 가면 누구도 대신할 수 없는 순간을 맞이한다. 그때까지 기다리지 말고, 건강하게 경계를 만들어 보자.

직장에서 경계를 설정하지 않으면 과도한 노동에 시달리게 된다. 지금은 많이 바뀌었지만, 몇 년 전까지만 해도 어린이집이나 초등학교 교사의 개인 핸드폰 번호가 마구잡이로 학부모에게 공개되었다. 밤이나 낮이나 시도 때도 없이 걸려 오는 전화와 민원 문자에 감정 노동은 너무 뻔했다. 퇴근 이후로 업무 전화를 받지 않는 건 건강한 경계 설정이다.

친구 사이에서도 적당한 경계는 필요하다. 조언이 선을 넘는다 싶으면 "고마워, 생각해 볼게"라고 선을 긋는다. 충고가 과도하면 "충고 고마워, 그런데 내가 알아서 잘 결정할게"라고 할 수 있다.

특히 우리나라 명절에 오가는 충고는 얼마나 선을 많이 넘나드는가. 정말이지 '선 넘지 말기' 교육이 필요한 시점이다. 경계를 넘는 말은 생채기를 깊게 낸다. 우리는 괜찮은 방패로 잘 막아내야 한다. 상대방에게 빈정대지 않고 과도하게 앙갚음하지 않으면서 우아하게 처신해야 한다. 어렵지만 그래도 아무 말도 안 하면 상대방은 더 무례해질 수 있다. 그러니 한마디라도 하자.

"네, 걱정해 주셔서 감사합니다. 그런데, 제가 잘 알아서 할게요."

소소한 팁을 하나 더 얹으면, 경계를 짓는 말은 짧을수록 도움이 된다. 위의 문장도 "네, 감사하지만, 제가 알아서 잘 하겠습니다"로 더 줄일 수 있다.

사람은 정말 변하지 않을까?

나의 내담자 중에 아버지가 바람을 피웠는데 어머니가 종종 딸을 붙들고 그 이야기를 하며 감정을 쏟아내어 힘들어했던 사람이 있었다. 그럴 때마다 자신이 감정 쓰레기통이 된 것 같아 말할 수 없이 힘들고 비참했다고 한다. 우리는 몇 번의 연습을 거쳐서 마침내 "엄마, 나는 그 말을 들으면 힘들어. 그 얘기는 여기까지만 듣고 싶어"라고 말하는 데 이르렀다.

후폭풍이 크긴 했지만, 처음 경계를 칠 때처럼 감당하기 어렵지는 않았다. 나중에 그 내담자는 존재를 수용한다는 법과, 삶의 면면에서 받아들이는 법과 받아들이지 않는 법을 구분하는 기준을 확실히 알게 되었다. 경계를 설정해서 거절하는 법이 익숙해지자, 엄마와 함께 있으면서 웃을 일도 생겼고 공유할 일도 생겼다고 한다. 모든 것을 나누지 않고도 서로 공유하고 나누는 이야기들이 살아나기 시작했다.

상담이 종료되고 몇 달 뒤에 보내온 이메일에서, 그녀는 자신의 어머니가 조금씩 변하고 있다고 전했다. 변하기를 그토록 바랄 때는 꿈쩍도 않더니, 경계를 분명하게 설정하자 어머니가 조금씩 달라졌다고 했다. 인생은 참 기대치 않은 곳에서 말할 수 없는 감동의 빛을 드러낸다. 그 순간이 그녀에겐 어느 정도의 감동이었을까.

사람이 안 바뀐다지만, 세상에 절대적인 것도 없다. 더 나빠질 수도 있고, 달라질 수도 있다. 부모라고 해서 인생의 학습이 끝난 존재는 아니다. 누구든 사랑하는 사람과의 새로운 관계 방식을 겪게 되면 조금씩 달라질 수 있다. 부모와 자녀 관계에서, 부모의 성숙을 가능하게 하는 것은 아마도 자식의 희생이 아니라, 자식이 자신을 지켜내는 모습을 통해서이다. 겉보기에는 거절처럼 보이더라도 말이다.

경계는 타인과의 관계와 거리에서 중요할 뿐만 아니라, 내 안의 목소리를 구분할 때에도 중요한 지침이 된다. 우리 마음에서는 무수한 목소리가 들린다. 소리 내지 않고 속으로 하는 생각은 대부분 자기 자신과의 대화가 된다. 이를 '자기 말(Self talk)'이라고 부르기도 한다. 사람들은 하루에 평균 4만 개에서 6만 개 정도의 생각을 하며, 대부분 자기 말 형태로 생각한다. 그런데 다수가 부정적인 경우가 많다. 그래서 이것저것 생각이 떠오를 때, 그 생각에 선을 긋고 경계를 지을 필요가 있다.

'왜 나는 이 모양이지', '에휴, 부탁 거절하면 날 미워할 텐데', '가족인데 이 정도도 못해주다니, 난 정말 나쁜 딸이야' 등과 같은 부정적인 마음의 소리가 들릴 때, 선을 긋자. 그런 소리를 더 키울 필요가 없다.

'이거 진짜 내가 책임져야 하는 영역인가?'
'그 사람이 실망하고 내가 부탁을 거절하는 건 별개의 문제야.'
'할 수 있으면 좋지만, 할 수 없으면 못한다고 말해도 돼.'

인생의 방향은
내가 정한다

인생 목표가 없다고 느껴진다면, 삶을 잘못 살았거나
길을 잃은 게 아니라 새로운 판을 짜기 시작한 까닭이다.

삶에서 중요한 선택을 하고 나름 만족스러웠음에도 얼마든지 다시 흔들릴 수 있다. 어느 순간 '현타'가 오거나, 의미와 목적이 상실된 느낌이거나, 삶의 방향이 흔들릴 때 사람들은 이렇게 말한다.

"여긴 어디, 나는 누구?"

유나 씨는 이제 막 서른 살이 되었는데 삶의 목표, 목적의식이 없다고 느낀다. 좋은 대학을 나왔고 그런대로 취업도 잘했는데, 말하자면 '인생이 이게 전부일까?' 싶다고 한다. 뭔가 밋밋하고 허무하다고 느낀다. 주변에서는 네가 가족이 없어서 그렇다며 가정을 이루라고 하는데, 아무나 만나서 가정을 이룰 수는 없는 노릇이다.

인생에도 오리엔테이션이 필요하다

누군가의 서른 살은 바쁘게 달려와 도착한 어떤 정상 같은 지점일 수도 있고, 또 다른 누군가에겐 공허한 중간 지점이기도 하다. 목표를 향해 달릴 땐 생각이 그리 많지 않았는데, 막상 도착하고 나니, '그래서 이제 뭐지?'라는 허무함이 느껴진다. 그런데 주변 사람은 '결혼은 언제?' '이제 자리 잡았으니 빠르게 승진해야지?'와 같은 새로운 목표를 주는데 그 목표에 의미가 생기지 않는다.

잘 살았는데, 공허한 마음이 든다면 아마도 이제까지의 챕터를 마무리하고 다음 챕터로 넘어간다는 신호라고 할 수 있다. 인생의 다음 챕터를 열 때 흔들리지 않고 열기는 어렵다. 지나온 길과 앞으로 갈 길을 확인해야 하고 방향도 재점검해야 하기 때문이다.

서른에 인생 목표가 없다고 느껴진다면, 삶을 잘못 살았거나 길을 잃은 게 아니라 새로운 판을 짜기 시작한 까닭이다. 지금까지 대학이나 취업, 사회 적응 등 외부에서 주어진 목표를 따라 바삐 움직였다가, 자신이 진짜 원하는 바를 고민할 때가 된 것이다.

'오리엔테이션'은 방향성을 뜻한다. '여긴 어디. 나는 누구'를 감각하는 것이다. 이것을 앎은 인생 전반에 걸쳐서 중요하다.

처음 성인이 되는 대학생 때 오리엔테이션(OT)을 받는다. 대학생활을 어떻게 할지 청사진을 제시하고 방향을 선택하도록 돕는다. 회사에서 신입사원이 들어왔을 때에도 오리엔테이션을 진행한다. 새로 들어온 직원을 환영하고 회사 문화를 배우도록 하며 신입직원에게 배당된 업무와 역할을 이해할 수 있도록 돕는 과정이다.

나는 정신과 병동에서 임상심리사로 일한 경험이 있다. 정신과 환자들을 평가하는 데 중요한 지표 중 하나가 오리엔테이션이다. 이들에게 오리엔테이션은 오늘이 며칠인지, 여기는 어디인지 아는 것으로 확인한다. 그런 다음 현실 검증력을 살펴본다. 현실과 현실 아닌 것을 구분할 수 있는지, 망상이나 환청을 현실로 오인하지는 않는지 살펴본다.

마찬가지다. 청춘의 오리엔테이션은 삶의 방향을 찾아가는 것이고, 그다음으로 현실과의 조율을 살펴본다. 현실을 지나치게 크게 봐서 꿈을 조그맣게 만들지는 않았는지, 현실을 무시하고 이상만 높지는 않은지 살펴볼 수 있다. 마라톤으로 따지면 주요 관문 중 하나가 될 서른 즈음에, 앞으로의 인생행로의 오리엔테이션을 잡는 셈이다.

우선순위를 찾을 때에도 핵심 가치를 떠올리라고 했는데, 오리엔테이션도 마찬가지다. 구체적인 성취나 달성 목표를 내려놓고, 내 삶의 '가치'를 떠올려 보자. 자기 삶의 가치를 설정하면 비록 추상적으로 느껴지더라도 어느 방향으로 살지 그 방향을 볼 수 있다. '여긴 어디, 나는 누구'의 답을 만들어 간다.

삶의 가치를 조금 더 생각해 보고 싶다면 '마지막으로 남긴 날'을 써 보자. 언젠가 시간이 흘러 삶을 정리해야 할 순간이 찾아온다. 그 순간에 어떤 말을 남기고 싶을까?

마지막으로 남기고 싶은 말은 대개 자신에게 소중한 사람들에게 남기는 말이다. 당부하는 말일 수도 있고, 자신이 삶에서 이루지 못했던 부분에 대한 부탁일지도 모른다. 만약 어떤 아쉬운 점이 있어서 떠나는 순간에 못내 마음에 걸린다면, 그 사람이 그것을 일찍 알았다면 바꿀 수 있었을까?

거절해도
변함없는 하루

*싸우자는 자세는 아니지만 그저 침착하고 당당하게,
자신감 있게 이야기해도 된다.*

 거절을 못하는 사람들은 자신이 부탁을 받았는데 들어주지 못 하면 미안해하거나 비굴해진다. 심지어 너무 미안해하면 부탁한 사람이 거절한 사람을 '뭐지? 미안한 줄 알면서도 저러는 건가?'라며 얄밉게 보는 상황까지 등장한다.

 민지 씨는 늘 '좋은 사람'이고 싶었다. 친구들이 무리한 부탁을 해도, 직장 동료들이 당연하다는 듯 일을 떠넘겨도, 가족들이 자신의 사정을 고려하지 않은 요구를 해도, 민지 씨는 "안 돼요"라는 말을 꺼내기 어려웠다. 거절하는 순간 자신에게 실망할까 봐, 관계가 어긋날까 봐, 혼자 남겨질까 봐 마음이 불안했다.

결국 민지 씨는 자기 시간을 쪼개고, 감정적으로 지치고, 때로는 금전적인 손해까지 감수하며 남을 우선시했다. 그런데도 돌아오는 반응은 "고마워"보다는 "그럴 줄 알았어"라는 무심함뿐이었다. 하지만 아직도 민지 씨는 거절하면 사람들이 등을 돌릴 것만 같다며 힘들어한다.

분명하고 단호한
거절의 기술

거절할 때에는 분명하고 단호하게 경계를 그어야 한다. '죄송하지만'으로 문장을 시작하지 않아도 된다. 물론 부드럽게 거절할 수 있으면 좋겠지만 결국 거절은 거절이다. 그보다는 분명하게 거절해야 더 도움이 된다. 거절이 공격적일 필요는 없다. 담백하고 분명하게 거절하면 된다. 이유를 구구절절 설명할 필요도 없다. 거절은 거절로 이미 충분하다.

그래도 계속 미안한 생각이 드는 사람들을 위해 심리학 기술을 소개하겠다. 변증법적 행동 치료에서는 'DEAR MAN'이라는 기법이 있다. 이것은 각각 무엇을 어떻게 말할지 알려 주는 방법이다. 그 내용은 다음과 같다.

D: Describe(묘사하기: 상황 설명)

E: Express(표현하기: 감정 표현)

A: Assert(주장하기: 요청 또는 거절)

R: Reinforce(강화하기: 상대와 관계 유지 의지 표현)

M: Mindful(마음챙김)

A: Appear confident(자신감 있는 태도)

N: Negotiate(협상하기)

상황을 설명할 때는 객관적인 사실만 간단하게 말하면 된다. 그런 다음 자신의 느낌을 솔직하되 상대를 비난하는 말이 아니라 그저 내 감정을 진정성 있게 전달한다는 듯이 표현한다. 그리고 내가 원하는 바를 말한다. 거절하고자 하는 경우 여기서 거절하면 된다. 말 돌리지 않고 직접적으로 명확하게 말하는 방식이 중요하다. 마지막으로 나의 요구가 받아들여졌을 때 어떤 긍정적인 결과가 있을지 제시한다.

MAN의 마음챙김은 말할 때의 자세 같은 것인데, 이야기하다가 주제가 벗어나거나 감정적으로 흔들려도 자기중심을 지키고 원래 하려던 말을 이어간다는 뜻이다. "네, 맞습니다. 그런데 제가 드리던 말씀은"과 같이 원래 하던 이야기로 돌아가서 다시 얘기하면 된다. 주제에서 벗어나지 않는다.

다시 한 번 강조하지만, 거절하면서 비굴하거나 과하게 미안해하지 말자. 싸우자는 자세는 아니지만, 그저 침착하고 당당하게, 자신감 있게 이야기해도 된다. 자신 없는 표정이나 말투로 얘기한다면, 그것은 본의 아니게 상대를 더 약 올리게 된다.

마지막으로 협상하기는 내 마음에서도 여지를 남기는 것이다. 내 거절을 상대도 거절할 수 있다. 거절을 거절할 때는 한 발씩 양보해야 한다. 나는 상대의 거절을 다시 거절할 수 있는데, 무한한 거절의 굴레에 갇힐 생각이 아니라면 서로 한발씩 양보한 협상이 필요할 수 있다.

예시를 들면 다음과 같다. 퇴근 시간이 다가오는데 직장 상사가 이것까지 하고 퇴근하라며 업무를 줬다. 그것도 퇴근 준비를 하려는 찰나에. 어렵겠지만 한번 연습해 보자.

D: 퇴근 10분 전에 급한 업무를 주셨어요.

E: 제가 퇴근 이후 약속이 있어서 초과근무는 부담이 커요.

A: 오늘 완성하기는 어렵습니다.

R: 내일 출근해서 가장 먼저 처리하겠습니다.

M: 네, 이해해요. 그래도 업무 처리할 시간을 고려해서 일을 주셨으면 좋겠어요.

A: (분명하고 자신감 있는 태도로)

N: 내일 오전 중으로 처리해드리겠습니다.

　이 기술을 처음 사용하면 뭔가 어색해서 강약 조절이 잘 안 될 수 있다. 기억해야 할 건 내가 부탁한 상대를 비난하려는 마음이 아니라는 점, 그저 사실만 전달하고 내 감정도 담백하고 솔직하게, 과하지 않게 표현한다는 점이다.

　거절한다고 할 때 꼭 기억하자. 상대의 요청을 거절한다고 그것이 상대와의 관계를 거절하는 건 아니라는 사실이다. 간혹, 관계를 거절하고 싶어서 요청 사항에 철벽을 치는 사람도 없진 않다. 어쨌거나 대부분은 '거절 = 관계 단절'은 아니다.

나만의 시간표
만들기

밤의 자유를 스스로에게 얼마나 허용할지 하는 기준은,
질 좋은 수면의 확보 여부에 달려 있다.

시간이 없고 시간에 쫓긴다고 생각할수록 그에 대한 보상으로 늦은 시간에 핸드폰을 보거나 맥주를 한 잔 하면서 영화를 보기 일쑤다. 문제는 그렇게 하고 나면 다음 날 아침에 일찍 일어나기가 어렵다. 부족한 수면은 다음 날 시간 압박을 가속화시키고 결국 그날 저녁에 스트레스를 풀다 다시 악순환이 반복된다. 밤 늦게 자유 시간을 덜 만끽하면서 일찍 일어나는 삶과 밤 늦게 자유 시간을 즐기고 사는 삶 사이에, 스트레스가 더 적거나 스트레스가 더 잘 풀리는 삶은 어느 쪽일까? 그리고 그렇게 판단하는 기준은 뭘까?

놀고 싶지만 피곤한
직장인의 딜레마

아마도 직장인이라면 누구나 그런 고민을 해 봤을 것이다. 그러다가, '아, 모르겠다, 그냥 맥주나 한 잔 마실래'로 귀결되지 않았을까? 일주일에 맥주 작은 캔 8개 이상을 마시면 치매 위험이 두 배나 더 높아진다는 연구 결과도 있다. 하지만 그러한 연구 결과는 당장 오늘의 선택에 영향을 주지 못한다. 당장 영향을 주는 요인은 그날 받은 스트레스 총량이다.

현대인은 낮에는 시간에 쫓기고, 밤에는 그 쫓긴 마음을 위로하려고 애쓴다. 직장에서 힘들었던 만큼 밤에는 온전히 내 시간을 누리고 싶어 한다. 그러다 잠자는 시간은 자꾸 뒤로 미뤄진다. 심리학에서는 이를 '보복적 야간 수면 지연'이라 부른다. 21세기 심리학 분야에서 뜨는 개념 중 하나가 '꾸물거림'인데, 야간 수면 지연도 꾸물거림의 형태 중 하나다.

한때 코로나 펜데믹으로 억눌렸던 소비가 한꺼번에 터진 현상을 '보복 소비'라고 불렀다. 그처럼 퇴근 이후 누리는 자유 시간을 보복하듯 강렬하게 누린다. 낮 동안 직장생활을 하면서 보낸 시간은 자기 결정권이 거의 없다고 느낄수록 그러한 경향은 더 강해진다. 직장생활 외에도 가족이나 경조사, 여러 일정을 상대방에게 맞추는 시간을 보냈거나 감정노동 같은 스트레스를 경험했다면 더더욱 저녁 시간만큼은 '나만의 시간'으로 누리고 싶어진다.

핵심 포인트는 '낮 시간 동안의 통제감'이 어느 정도였냐 하는 점이다. 내가 원하는 방식이 아니라고 느낄수록, 밤의 자유 시간 욕구는 커진다. 사람은 누구나 자기 결정권을 어느 수준 이상 행사하며 살기를 원한다. 그런데 낮 시간 동안에 자기 결정권이 침해 당했다고 느끼면, 당연히 그 부분이 회복되기를 원한다.

자기만의 저녁 시간에 무엇을 하는가? 그냥 음악을 듣든, SNS를 하든, 맥주를 마시거나 야식을 먹든, 그냥 그 시간을 온전히 즐긴다는 데에 의의가 있지 않겠는가.

하지만 단점을 피할 수는 없다. 수면이 미뤄지면서 전체 수면시간이 줄고, 기상 시간을 지키기가 어려워진다. 그리고 깬 다음에는 몸이 피곤한 상태에서 하루 일과가 시작되고, 수면 부족 상태에서 우리 뇌는 스트레스를 더 크고 강하게 인식한다. 조절력이나 집중력이 조금 떨어진 상태가 된다. 하지만, 그렇다고 해서 생활 방식을 바꿔야겠다는 동기가 부여되지는 않는다. 저녁 시간의 작은 유흥이 자신을 회복시켜주는 '힐링

타임'이기 때문이다.

밤의 자유냐, 충분한 수면이냐

중대한 갈림길에서 선택해야 한다. 출근 시간을 자신이 결정할 수 있는 직종에 종사한다면 몇 시에 일어나든 큰 상관이 없다. 출근 시간이 정해진 직장에 다닌다면 기상 시간이 정해져 있는 셈이니 늦게 잠들 경우 수면 시간이 줄어들 수밖에 없다. 강한 스트레스는 강도 높은 보복적 야간 수면 지연을 부르겠지만, 어느 순간에 그 악순환을 끊어야 한다.

밤의 자유를 스스로에게 얼마나 허용할지 하는 기준은 질 좋은 수면의 확보 여부에 달려 있다. 일주일 중 하루이틀 늦게 자더라도 평소 양질의 수면을 취한다면 상관없다. 하지만 수면의 질이 좋지 않다면(잠들기 어렵고, 쭉 길게 통잠을 자지 못하고, 자고 일어나도 피곤함이 가시지 않는다 등), 장기적 관점에서 자신을 위해서 잠을 관리할 필요가 있다.

'나만의 시간'을 밤이 아니라 이른 아침으로 옮기는 선택도 고려해 본다. 아침형 또는 새벽형 라이프스타일을 선택한다면, 야행성 사람들보다 수면의 질이 좋고 아침 여유 시간도 누릴 수 있다. 특히 출근 시간이 정해진 직장에 다닌다면 자신만의 시간을 새벽으로 옮기는 것을 고려해봄 직하다.

한때 새벽형, 아침형이 더 우수한 생활 패턴인지 저녁형, 야행성이 더 좋은지 논쟁이 있었다. 대체로 전자가 더 좋다는 의견이 많았다.

여기서 신기한 연구 결과를 소개하겠다. 인간이 자고 일어나서 하루를 살고 다시 잠들기까지의 생체 리듬을 '일주기 리듬'이라고 부른다. 한 연구에서 실험 참가자들에게 자연광이 없는 지하실이나 외부 시간이 차단된 실험실에 머물도록 한 뒤, 참가자들이 자기 스케줄대로 수면과 기상을 반복하도록 하면서 일주기 리듬을 측정했다.

그 결과 대부분의 사람은 24시간보다 더 긴 하루를 보냈다. 일주기 리듬을 24시간에 맞추는 것은 자연광을 받으면서 가능해지도록 진화했다고 한다.

밤에 늦게 자는 올빼미형 인간은, 아침 태양 빛을 통해 24시간에 자신의 생체 리듬을 조율하고 동기화시키는 과정이 늦거나 더 적게 이뤄진다. 그래서 이들의 생체 리듬은 평균적으로 좀 더 길어진다. 그러면 24시간 체제에서 적응하기가 더 힘들어질 수도 있다.

어떻게 살지는 당연히 자기 자신이 선택한다. 그것은 이 책의 전반에서 강조하고 싶은 바이기도 하다. 선택하기 전 가능하면 새로운 정보를 모으고 몰랐던 것을 알아가면 좋다. 자신의 선택이 더 좋은 쪽으로 단단해지기 때문이다.

애쓰고 있는 나에게 건네는 솔직한 말

애쓰고 있는 자신에게 솔직해지는 연습을 해 보는 공간입니다. 떠오르는 생각이나 감정을 편하게 적어 보세요. 완벽할 필요는 없습니다.

Q. 오늘 하루, 감사한 순간을 적어 보세요.

Q. 배려받았던 순간과 배려했던 순간, 당신은 무엇을 느꼈나요?

Q. 무례함에 대비할 수 있는 나만의 전략이 있나요?

Q. 내가 생각하는 경계를 설정해야 하는 이유

Q. 내 인생은 지금 어느 지점에 와 있을까요?

Q. 나의 목표는 지금 어디까지 이루어졌나요?

Q. 거절하는 게 어렵다면, 그 이유는 무엇인가요?

Q. 나는 아침형 인간이다 vs. 저녁형 인간이다.

Q. 나에게 적합한 시간 관리 방법을 알고 있나요?

무리하지 않고 홀가분한 마음을 만드는 심리학 첫걸음
괜찮은 척 애쓰는 마음

© 주리애 2025

인쇄일 2025년 8월 25일
발행일 2025년 8월 31일

지은이 주리애
펴낸이 유경민 노종한
책임편집 구혜진
기획편집 유노책주 김세민 구혜진
기획마케팅 1팀 우현권 이상운 **2팀** 이선영 최예은 전예원 김민선
디자인 남다희 홍진기 허정수
기획관리 차은영
펴낸곳 유노콘텐츠그룹 주식회사
법인등록번호 110111-8138128
주소 서울시 마포구 동교로17안길 51, 유노빌딩 3~5층
전화 02-323-7763 **팩스** 02-323-7764 **이메일** info@uknowbooks.com

ISBN 979-11-7183-131-9 (03180)

- — 책값은 책 뒤표지에 있습니다.
- — 잘못된 책은 구입한 곳에서 환불 또는 교환하실 수 있습니다.
- — 유노북스, 유노라이프, 유노책주, 향기책방은 유노콘텐츠그룹의 출판 브랜드입니다.